Egyptin Suuren pyramidin tutkimuksen historia

Jani Laasonen

**EGYPTIN SUUREN PYRAMIDIN TUTKIMUKSEN HISTORIA**

Egyptin todelliset pyramidit -kirjasarja:

Osa 1: Egyptin Suuren pyramidin tutkimuksen historia

Osa 2: Egyptin todellisten pyramidien geometria

Osa 3: Rajapatsas



birds.eye.view2618@gmail.com

Kustantaja: BoD – Books on Demand, Helsinki, Suomi

Valmistaja: BoD – Books on Demand, Norderstedt, Saksa

ISBN: 978-952-330-061-3

# Sisällys



**Lähteet ja liitteet**

# Kirjasarjan alkusanat

Sfinksi ja sen taustalla kohoavat kolme symmetristä pyramidia muodostavat maiseman, joka on kiehtonut ihmisen mielikuvitusta läpi koko ihmiskunnan tunnetun historian. Tämä maisema avautuu Egyptin pääkaupungin Kairon lounaiskulmasta alkavalta Gizan tasangolta, jossa asvaltoitu miljoonakaupunki vaihtuu yhtäkkiä loputtomaksi hiekkaerämaaksi ja jonka laidassa nämä valtavat – geometrialtaan lähes täydellisen säännölliset kivivuoret – seisovat järkähtämättä paikoillaan, kuten ne ovat tehneet jo lähes 5 000 vuoden ajan. Jos kuljemme Gizasta linnuntietä noin 20 kilometriä eteläkaakkoon, saavumme Dahshurin tasangolle, josta löydämme vielä kaksi yhtä taidokkaasti valmistettua pyramidia lisää. Kaikkiaan näitä geometrisesti täydellisiä pyramideja on Egyptissä vain viisi kappaletta: kolme Gizassa ja kaksi Dahshurissa.

Pyramideja rakennettiin muinaisen Egyptin valtakunnan aikana kaikkiaan yli sata kappaletta, mutta ainoastaan nämä viisi pyramidia rakennettiin kestämään aikaa. Lähes kaikki muut Egyptin pyramidit ovat sortuneet muodottomiksi sorakukkuloiksi jo vuosituhansia sitten. Näiden viiden pyramidin rakennuttajasta, rakennusajankohdasta ja rakennustarkoituksesta ei ole täyttä varmuutta, mutta niiden epäillään rakennetun Egyptin 4. dynastian aikakaudella noin 4 600 vuotta sitten. Kestävyytensä, suuruutensa ja geometrisesti säännöllisen ulkomuotonsa ansiosta ne nousevat esiin kaikkien muiden Egyptin pyramidien joukosta. Ne ovat ainoat sileäpintaiset pyramidit koko maailmassa, ja vaikka lähialueiden asukkaat myöhemmin käyttivätkin pyramidien sileitä päällyskiviä omien rakennustensa ehostamiseen, ilmentävät pyramidit siitä huolimatta yhä edelleen lähes käsittämättömän virheetöntä geometriaa.

Kutsun näitä pyramideja todellisiksi pyramideiksi erottaakseni ne kaikista muista Egyptin yli sadasta pyramidista, jotka eivät sen enempää suuruutensa, kauneutensa, rakennustarkkuutensa kuin kestävyytensäkään puolesta yllä lähellekään todellisia pyramideja.

Suuri pyramidi ehti olla maailman korkein rakennus liki 4 000 vuoden ajan. Se rakennettiin aikana, jolloin käytettävissä ei ollut sen enempää kunnollisia työkaluja kuin kehittynyttä teknologiaakaan. Se rakennettiin yli kahdesta miljoonasta keskimäärin noin 2,5 tonnin painoisesta kivilohkareesta, jotka louhittiin irti suoraan peruskalliosta. Suurimmat ja painavimmat pyramidin rakentamisessa käytetyt kivet ovat jopa 50 – 70 tonnin painoisia ja ne löytyvät kymmenien metrien korkeudesta pyramidin sisärakenteesta. Ne ovat graniittikiveä, joka on tunnettua erityisesti kovuudestaan, ja jonka työstämisen ehdottomana ennakkoedellytyksenä ovat rautaiset työkalut – joita egyptiläisillä ei kuitenkaan vielä ollut. Egyptiläiset oppivat käyttämään rautaa vasta noin 1 500 vuotta myöhemmin. Silti pyramidin sisältä löytyvä kuninkaan kammio koostuu kymmenien tonnien painoisista graniittikivistä, jotka on hiottu ja aseteltu vieri viereen niin täydellisesti, ettei väliin jää käytännössä lainkaan rakoa. Graniittikivien analyysi on osoittanut kivien olevan peräisin liki 1 000 kilometrin päässä sijaitsevasta graniittikivikaivoksesta. Kuinka kivet louhittiin irti peruskalliosta, kuinka ne työstettiin juuri oikean kokoisiksi, kuinka ne siirrettiin rakennuspaikalle lähes tuhannen kilometrin päähän ja nostettiin kymmenien metrien korkeuteen aikana ennen alkeellisintakaan teknologiaa – tätä voimme vain arvailla. Kun todellisten pyramidien perusrakenne oli valmis, kaikki ne päällystettiin vielä noin 15 tonnin painoisilla sileäksi hiotuilla kalkkikivillä niin, että kaikilla todellisilla pyramideilla oli valmistuessaan vaalea ja peilinsileä julkisivu.

Suuren pyramidin rakentamisen jälkeen ihmiskunnalta kesti liki 4 000 vuotta, ennen kuin se kykeni rakentamaan rakennuksen, jonka korkeus ylitti Suuren pyramidin korkeuden. Tämän jälkeen kului vielä noin puoli vuosituhatta, ennen kuin kykenimme kehittämään niin tarkkoja mittalaitteita, että Suuren pyramidin ilmentämä rakennustarkkuus kyettiin täsmällisesti mittaamaan. Mittauksissa Suuren pyramidin rakenne ilmensi niin suurta täsmällisyyttä ja säännönmukaisuutta, ettei vastaavaan kyettäisi välttämättä vielä nykyaikanakaan. Jos lähes 5 000 vuotta vanha arkkitehtuuri kykenee ilmentämään sellaista rakennustarkkuutta, jonka täsmälliseen mittaamiseen kyetään vasta nykyaikaisilla tarkkuusmittalaitteilla sekä sellaista rakennusteknisen osaamisen tasoa, joka ylittää taitomme ja ymmärryksemme vielä tänäkin päivänä, niin silloin kyseessä on epäilemättä tutkimisen arvoinen ilmiö.

Kaikki rakennustekniset ihmeet ja erikoisuudet koskevat kuitenkin ainoastaan todellisia pyramideja, joita on Egyptissä siis vain viisi kappaletta. Kaikki muut Egyptin yli sata pyramidia ilmentävät juuri sellaista rakennusteknisen osaamisen tasoa, jota yli 4 000 vuoden takaisilta arkkitehdeiltä voidaan osata odottaa. Niissä ei ole mitään kovin ihmeellistä. Sen sijaan nämä viisi todellista pyramidia nousevat esiin ikään kuin ne olisivat jonkun kokonaan toisen kulttuurin ja aikakauden tuotteita. Ne muodostavat anomalian, jolle ei löydy vertaa koko maailmasta ja jota historioitsijoiden on ollut hyvin vaikea saada asettumaan osaksi historiallisesti eheää tarinankerrontaa.

Nykykäsityksen mukaan kaikki todelliset pyramidit rakennettiin Egyptin 4. dynastian aikakaudella noin 4 600 vuotta sitten, mistä syystä Egyptin valtakunnan neljäs dynastia tunnetaankin Egyptin pyramidirakentamisen kulta-aikana. Koskaan ennen tätä ajankohtaa tai tämän ajankohdan jälkeen ei Egyptissä saavutettu lähellekään yhtä korkeaa pyramidien rakentamistaitoa. Kaikki tätä aiemmat ja myöhemmät pyramidit suunniteltiin huonommin ja rakennettiin heikommista materiaaleista sekä huonommalla ammattitaidolla, mistä syystä vain ani harva on kestänyt ajan kuluttavaa vaikutusta nykyaikaan asti. Valtaosa niistä muistuttaa nykyisin enemmän luonnon muovailemia sorakumpareita kuin geometrisesti säännöllisiä pyramideja.

Tämä kolmiosainen kirjasarja keskittyy tutkimaan ja selvittämään todellisten pyramidien arvoitusta. Kirjasarjan ensimmäisessä osassa lähestymme aihetta Egyptin Suuren pyramidin tutkimuksen historian kautta. Suuri pyramidi on todellisista pyramideista ylivoimaisesta tutkituin ja tunnetuin, mistä syystä kirjasarjan ensimmäinen osa on omistettu yksinomaan sille. Sama arvoituksellisuus, joka kätkeytyy Suuren pyramidin rakentamiseen ja historiaan, koskee kuitenkin myös kaikkia muitakin todellisia pyramideja, joten perehtyminen Suuren pyramidin tutkimuksen historiaan toimii mainiona johdatuksena myös kaikkia muita todellisia pyramideja kohtaan, joita tutkimme tarkemmin kirjasarjan toisessa osassa. Sarjan kolmannessa osassa luomme katsauksen niin sanottuun Rajapatsaaseen, jonka tutkimus johdatti minut vuonna 2012 Egyptin todellisten pyramidien tutkimuksen pariin.

Ensimmäisestä kirjasarjasta tuttu kappaleiden juokseva numerointi jatkuu myös käsillä olevassa kirjasarjassa. Juokseva numerointi muodostaa sillan kirjasarjojen välille ja liittää ne yhteen. Tästä syystä tämän kirjan kappaleiden numerointi alkaa luvusta 69.

# Johdanto

Niin täydellisen kadoksissa ovat aikalaiskertomukset koskien kaikkea sitä, mikä liittyy todellisten pyramidien rakentamiseen ja rakennustarkoitukseen, että monet uskovat salaperäisyyden olevan tarkoituksellista. Syystä tai toisesta rakentajat eivät halunneet jättää itsestään mitään merkkejä jälkipolville. Tämän puolesta todistaa jokaisen todellisen pyramidin sisältä löytyvä kolkko tyhjyys: yksikään todellinen pyramidi ei kerro sanaakaan rakennuttajastaan tai rakennustarkoituksestaan. Siinä missä kaikki faaraoiden rakennuttamat haudat ja temppelit ovat tyypillisesti lattiasta kattoon asti täynnä erilaisia maalauksia ja kaiverruksia, joista lukemattomin tavoin käy ilmi rakennuttajafaaraon nimi, ei yhdenkään todellisen pyramidin sisältä ole koskaan löytynyt ainoatakaan yksiselitteistä todistetta rakennuttajan henkilöllisyydestä tai pyramidin rakennustarkoituksesta. Sellaista ei ole löytynyt myöskään pyramidien ulkopuolelta. Todellisten pyramidien rakennuttajat eivät jättäneet jälkeensä ensimmäistäkään kirjallista kuvausta todellisten pyramidien rakennusajankohdasta tai niiden käyttötarkoituksesta.

Ensimmäiset kuvaukset Gizan pyramideista löytyvät vasta niin sanotulta akseliajalta eli pian vuoden 800 eaa. jälkeen, jolloin niistä kirjoittivat ensimmäiset antiikin filosofit. Jo tuolloin todellisia pyramideja pidettiin ikivanhoina ja käsittämättöminä. Eräs varhaisimmista kirjallisista kuvauksista on peräisin Thaleelta, tunnetulta antiikin filosofilta, joka mainitsee vierailleensa Gizan pyramidialueella noin vuonna 600 eaa. Thales kertoo muun muassa määrittäneensä pyramidien korkeudet niiden langettamien varjojen perusteella.

Yli vuosisata myöhemmin Herodotus (n. 440 eaa.) kuvailee, kuinka Gizan pyramidit olivat päällystetty tasaiseksi hiotulla ja lähes saumattomalla kalkkikivetyksellä. Herodotuksen lisäksi myös monet muut ajanlaskun taitteen tienoilla eläneet historioitsijat ovat kuvailleet pyramidien julkisivuja täysin ehjiksi ja koskemattomiksi. Strabon (n. 63 eaa. – 24 jaa.) kuvaus tosin kertoo pyramidin pohjoissivulla sijainneesta saranoidusta kääntöovesta, joka hänen mukaansa mahdollisti pääsyn pyramidin sisälle johtavaan laskevaan käytävään. Hänen mukaansa kääntöovi oli piilotettu pyramidin julkisivuun niin taitavasti, että sen sijaintia oli käytännössä mahdoton huomata, ellei sen olemassaoloa tiennyt ennalta. Strabon kuvaili laskevaa käytävää läpimitaltaan noin 1,2 x 1,2 metrin suuruiseksi ja noin 114 metriä pitkäksi.

Hänen mukaansa käytävä päättyi kymmeniä metrejä maan pinnan alapuolella sijaitsevaan kosteaan ja syöpäläisiä kuhisevaan luolaan. Vaikka myöhemmät havainnot todistivatkin Strabon kuvauksen laskevan käytävän olemuksesta paikkansa pitäviksi, ei vahvistusta kääntöoven olemassaolosta olla kuitenkaan saatu. Nimittäin kun arabialainen Al Mamun päätti 800-luvulla tunkeutua Suuren pyramidin sisäosiin, ei hän yrityksistä huolimatta löytänyt kääntöovea mistään, vaan joutui louhimaan tiensä pyramidin sisälle hakkuja ja muurinmurtajia käyttäen.

Herodotus oli ensimmäinen antiikin historioitsija, joka kirjoitti jotain Suuren pyramidin rakentamisesta. Näin tehdessään hän oli kuitenkin täysin kuulopuheiden ja omien päätelmiensä varassa. Nykytutkimus on osoittanut monet Herodotuksen päätelmät virheellisiksi. Hänen puolustuksekseen kuitenkin todettakoon, että todellisten pyramidien oletettu rakennusajankohta oli Herodotukselle yhtä kaukaista historiaa, kuin Herodotuksen aika on nyt meille. Eikä Egyptin historiantutkimusta ole koskaan helpottanut sekään seikka, että muinaisten egyptiläisten hallitsijoiden tiedetään järjestelmällisesti muokanneen, muutelleen ja manipuloineen historiaa jälkikäteen. Jopa kokonaisia hallitsijasukupolvia tiedetään poistetun valtakunnan virallisesta historiankirjoituksesta. Lukemattomia temppeleitä ja monumentteja on riisuttu alkuperäisten rakennuttajien nimistä ja vaihdettu jälkeen tulleiden hallitsijoiden nimiin. Niinpä on myös täysin mahdollista, että tämä sama salailun, peittelyn ja valehtelun kulttuuri kohdistui aikanaan myös todellisiin pyramideihin.

Todellisten pyramidien rakentamisesta on kerrottu tuhansien vuosien aikana valtavasti tarinoita, mutta kukaan ei kykene enää nykypäivänä kertomaan mikä osa tarinoista on totta ja mikä tarua. Silti jotkin teemat toistuvat näissä tarinoissa tavanomaista useammin, joten lienee syytä keskittyä tässä yhteydessä niihin hieman tarkemmin.

Aloitamme Platonista. Teoksessaan Timaios Platon kertoo Solonista – viisaimmasta antiikin Kreikan seitsemästä viisaasta – joka Egyptissä matkailleessaan jututti paikallisia pappeja ja tietäjiä päästäkseen perille egyptiläisten historiasta ja alkuperästä. Mutta kun hän aikansa kyseltyään huomasi, ettei kukaan paikallisista tuntunut tietävän historiastaan suoraan sanoen mitään, alkoi hän itse kertaamaan ääneen oppimiaan asioita yrittäen rakentaa sen pohjalta yhteenvetoa Egyptin historiasta. Silloin eräs hyvin iäkäs pappi tuli paikalle ja lausui:

*"'Voi Solon Solon, te helleenit olette kaikki ikuisia lapsia. Iäkästä helleeniä ei ole olemassakaan.' Kuullessaan tämän Solon kysyi: 'Mitä tuolla tarkoitat?' Pappi vastasi: 'Te olette aina nuoria sielultanne, sillä teillä ei ole ainoatakaan mielipidettä, joka olisi peräisin todella vanhoilta ajoilta, eikä teillä ole iän harmaannuttamaa tietoa. Siihen on oma syynsä, ja se on tämä. Monesti ja monella tavalla on tuho kohdannut ihmisiä ja tulee vastakin kohtaamaan. Suurimpia tuhon syitä ovat tuli ja vesi, mutta on olemassa lukemattomia pienempiäkin."* (…) *"Jos nyt jossain on tapahtunut jotain jaloa ja suurta tai muuten huomion arvoista, joko teidän keskuudessanne tai täällä meillä tai jossain muualla, ja me saamme siitä kuulla, se kaikki vanhan tavan mukaan kirjoitetaan muistiin ja säilytetään temppeleissämme. Mutta teidän kansanne ja eräät muutkin kansat ovat vasta äskettäin saaneet uudelleen kirjoitustaidon ja kaiken sen, mikä on valtion olemassaololle tarpeellista. Ja kun tavanmukaisen vuosien kierron jälkeen taivaasta lankeaa teidän päällenne tuhoava vesivirta kuin rutto, se jättää elämään ainoastaan kirjoitustaitoon ja runoperinteisiin perehtymättömät. Niin te, alkaen kaiken alusta, olette jälleen nuoria ettekä tiedä mitään siitä, mitä teidän omassa maassanne tai meidän maassamme on muinoin tapahtunut. Sinun äsken kertomasi sukutarinat teikäläisistä, Solon, eivät ole paljon kummempia kuin lasten sadut. Ensiksikin te muistatte vain yhden vedenpaisumuksen, vaikka niitä on jo aikaisemmin ollut monia. Toiseksi te ette tiedä, että teidän maassanne on kerran asunut jaloin ja paras ihmissuku, josta sekä sinä että teidän kaupunkivaltionne väestö on saanut alkunsa, kun pieni siemen aikoinaan jäi jäljelle. Tämä on jäänyt teiltä salaan, koska jäljelle jääneet ihmiset eivät monen sukupolven aikana ole voineet luku- ja kirjoitustaidon puutteessa ilmaista itseään."*

Edelleen Platonin Timaioksessa kerrotaan muinaisesta saarivaltakunnasta nimeltä Atlantis, joka joskus muinoin oli korkeahenkisen tiedon ja sivistyksen tyyssija, mutta joka sittemmin korruptoitui ja upposi lopulta valtamereen. Atlantiksen uppoaminen oli tapahtunut Platonista katsoen jo yli 9 000 vuotta aikaisemmin, eli meistä katsoen lähemmäs 12 000 vuotta sitten. Upotessaan Atlantis oli ollut jo täysin läpikorruptoitunut, joten sen oletettu kukoistuskausi sijoittuisi vielä huomattavasti tätäkin kauemmas historiaan.

Lukemattomat muinaiskulttuurit kautta maailman jakavat yhteneväisen kertomuksen valtavasta vedenpaisumuksesta, joka kauan aikaa sitten koetteli muinaista korkeaa sivilisaatiota, joka sen seurauksena taantui ja katosi maan päältä. Tarina tunnetaan pääpiirteiltään samankaltaisena halki koko vanhan mantereen, mutta se tunnetaan myös uudella mantereella (Amerikassa) alkuasukaskansojen keskuudessa, minkä puolesta monet tutkijat olettavat sen olevan hyvin varhaista alkuperää ja perustuvan johonkin yhteiseen kokemukseen tai yhteiseen symbolikuvastoon. Samantyyppinen ilmiö on havaittavissa myös eläinradan tähtikuvioiden tulkinnassa, joka myös on pääpiirteissään yllättävän samanlaista kulttuurista riippumatta.

Muinaisessa tarinaperinteessä Gizan Suuren pyramidin rakentaminen nivoutuu usein tarinaan ihmiskunnan muinaisesta kultakaudesta ja sitä seuranneesta vedenpaisumuksesta, joka hävitti maailmasta kaikki merkit muinaisen korkeakulttuurin olemassaolosta. Näiden tarinoiden mukaan nykyihminen elää – ja on koko kirjoitetun historiansa ajan elänyt – eräänlaista pimeää aikakautta, jolle tyypillistä on henkinen juurettomuus, sodat, sairaudet, alhainen elinikä ja ylipäänsä kaikkinainen elämän kurjuus. Eri kulttuureissa tätä aikakautta on kutsuttu useilla eri nimillä. Jotkut kutsuvat sitä syntiin lankeemukseksi, toiset puhuvat siitä kuoleman aikakautena, kolmannet tuntevat sen kali yuga -nimellä, ja niin edelleen. Silti kaikki viittaavat perimältään samaan ilmiöön.

Tarinoiden mukaan myös Egyptin muinainen korkeakulttuuri oli sitä huomattavasti varhaisemman ja korkeamman korkeakulttuurin perillinen, joka ei suinkaan kehittynyt kukoistukseensa Niilin laaksossa, vaan oli peräisin jostain muualta. Tarinan todenperäisyyttä tukee Egyptin korkeakulttuurin yhtäkkinen ilmestyminen Niilin varrelle vailla mainittavaa kehityskautta. Siinä missä korkeakulttuurit tyypillisesti tarvitsevat vuosisatoja tai jopa vuosituhansia kehittyäkseen kukoistuksensa huipulle, Egyptin korkeakulttuuri oli kukoistuksensa huipulla jo välittömästi syntyhetkellään. Sen sijaan että egyptiläiset olisivat pyrkineet kehittämään korkeakulttuuriaan jatkuvasti pidemmälle, he pyrkivät pysäyttämään kaiken muutoksen ja sementoimaan jo saavutetun sivistyksen tason. He käyttäytyivät ikään kuin olisivat perineet korkeakulttuurinsa jostain muualta ja tietäneet siten jo ennalta, että jos he tämän menettäisivät, menettäisivät he samalla kaiken muunkin. Niinpä he pyrkivät lukitsemaan kaiken ja ylläpitämään yhteiskuntansa muuttumattomana, onnistuen siinä lopulta jopa noin kolmen vuosituhannen ajan.

Egyptiläiselle kulttuurille tyypillinen kehitysuskon täydellinen puuttuminen on käsittämätön ajatus jatkuvaan kehitykseen uskovalle nykyihmiselle, mutta laajemmassa katsauksessa hidas taantuma tai elämän tasainen kurjuus on huomattavan paljon yleisempi asiaintila läpi koko ihmiskunnan historian, kuin viimeisten vuosisatojen kuluessa koettu yleisen elintason nopea nousu. Tästä perspektiivistä tarkasteltuna kaikki se kehitys, mitä olemme erityisesti viimeisen vuosisadan aikana kokeneet, on jotain täysin poikkeuksellista.

Näin Egyptin kulttuurin kehityksestä kertoo Egyptin tutkija Rolf Grönblom teoksessaan Faaraoiden Egypti:

*"Alati hämmästyttävä egyptiläinen erikoisuus on se, että kulttuuri kaikkine siihen olennaisesti liittyvine piirteineen oli "täysin" kehittynyt jo historiallisen ajan alussa eli niin kutsutulla yhdistymiskaudella, jolloin Egyptistä tuli Egypti. Taiteessa sovellettiin jo tuolloin sääntöjä, jotka tämän jälkeen pätivät runsaan kolmen tuhannen vuoden ajan, niin kauan kuin aito egyptiläinen kulttuuri piti pintansa. Kirjoitustaito oli käytännöllisesti katsoen valmis alusta asti, ja jo tuolloin oli vallalla egyptiläisille niin ominainen dualismi: vastapareihinsa perustuva kaksinaisuus, joka sai lukemattomia ilmiasuja kaikilla tasoilla, sekä abstrakteissa että konkreettisissa yhteyksissä."*

Pyramidien syntytarinaan liitetään varsin usein myös kertomus vedenpaisumuksesta. Rolf Grönblom jatkaa:

*"Eräs arabialainen legenda kertoo kuninkaasta nimeltä Saurid, joka rakensi Gizan suuret pyramidit sen jälkeen, kun häntä oli varoitettu tulvasta, joka hukuttaisi koko Egyptin, ja tulesta, joka polttaisi koko maailman. Pyramideista oli määrä tulla valtavia menneisyyden monumentteja, mutta samalla niiden piti varjella kaikkea ihmisten kartuttamaa viisautta ja tietoa."*

– Rolf Grönblom, Faaraoiden Egypti, Schildts, 2002.

Antiikin aikana uskottiin, että muinainen kuningas tai jopa Hermes-jumala itse oli rakentanut pyramidit kätkeäkseen ja säilyttääkseen salaista tietoa tulvan yli. Tulva ei välttämättä merkitse symbolisessa viitekehyksessä mitään todellista tulvaa tai vedenpaisumusta, vaan voi olla pelkkä symbolinen ilmaisu ihmiskunnan henkiselle taantumukselle. Tarinoiden mukaan Egyptin todelliset pyramidit olivat menneisyyden muistomerkkejä, jotka todistivat ihmiskunnalle nykyistä pimeää maailmanaikaa edeltäneen korkeamman maailmanajan olemassaolosta ja muinaisen tieteen saavutuksista, jota seurasi vedenpaisumus eli ihmiskunnan henkinen taantuma. Gizan Suureen pyramidin uskottiin kätkevän sisälleen hämmästyttäviä esineitä ja ennen näkemättömiä tiedon aarteita ihmiskunnan edelliseltä kultakaudelta: muun muassa särkymätöntä ja taipuilevaa lasia, ruostumatonta terästä ja maapallon kaikki mantereet käsittäviä karttoja. Pyramidit olivat peräisin menneiltä ajoilta, mutta niiden olemassaololle uskottiin olevan tarkoituksensa myös ihmiskunnan tulevaisuudessa. Pyramidien asemointiin, mittasuhteisiin ja geometriaan uskottiin puolestaan kätketyn salaista viisautta ja tietoa matematiikan salatulla kielellä kätkettynä, jota pimeän aikakauden ihminen ei enää osannut tulkita eikä voinut käsittää, mutta jonka rakentaja tiesi säilyvän vääristymättömänä ja muuttumattomana yli pimeän aikakauden odottamassa hetkeä, jolloin ihmiset jälleen kerran olisivat riittävän korkeasti kehittyneitä oppiakseen sen kaiken jälleen uudestaan. Todelliset pyramidit kerrottiin suunnitellun tarkoin harkittua mittayksikköä käyttäen, jonka kerrottiin perustuvan luonnon omaan standardiin, joka oli johdettu suoraan maapallon mittasuhteista.

Nykytutkimuksen silmissä kaikki tämänkaltaiset kertomukset luokitellaan osaksi ihmiskunnan myyttistä tarinaperinnettä, eikä niillä uskota olevan vastinetta todellisuudessa. Silti näillä tarinoilla on ollut kiistatta oma roolinsa myös länsimaisen tieteenhistorian kehityksessä. Muun muassa Isaac Newton, eräs tieteenfilosofian keskeisimmistä hahmoista, lumoutui näistä kertomuksista ja käytti runsaasti aikaansa Suuren pyramidin mittasuhteiden ja sen rakentamisessa käytetyn mittayksikön selvittämiseen. Myös Napoleon innoittui Suuren pyramidin arvoituksesta ja toi mukanaan suuren joukon ranskalaisia huipputiedemiehiä Egyptin pyramidialueelle vuonna 1798 eräänä keskeisimpänä tarkoituksenaan pyramidin mittasuhteiden tarkka määrittäminen. Vajaat sata vuotta myöhemmin Flinders Petrie, nykyaikaisen arkeologian isähahmo, haltioitui Suuren pyramidin matemaattisgeometrisesta rakenteesta ja kehitti modernin arkeologian nykymuotoonsa nimenomaan Gizan pyramidialuetta tutkiessaan, vain muutamia mainitakseni. Olipa Suuren pyramidin alkuperä todellisuudessa millainen tahansa, on kyse joka tapauksessa maailman vanhimmasta ja suurimmasta rakennusteknisestä ihmeestä, joka on toiminut vuosituhansien varrella monien vallankumouksellisimpien nerojen ja historian merkkihenkilöiden työn innoittajana. Niinpä perusymmärrys Suuren pyramidin mittaamisen ja tutkimisen historiasta kuuluu osaksi jokaisen nykyihmisen yleissivistystä.

Mutta ennen kuin syvennymme edellä mainittuihin henkilöihin ja heidän panokseensa tarkemmin, palaamme ajassa yli tuhat vuotta taaksepäin arabialaisen renessanssin kultakauteen ja Al Mamunin aikakauteen, josta Suuren pyramidin tutkimuksen voidaan virallisesti katsoa saaneen alkunsa.

# 69. Al Mamun ja arabialainen renessanssi

Abbasidivaltion kalifi Harun al-Rašid, perusti 760-luvulla Bagdadiin Viisauden talon,
josta tuli Islamilaisen kulttuurin kulta-ajan keskeisin intellektuaalinen laitos sekä
tieteellisen tutkimuksen ja kulttuurin keskus. Harun al-Rašid palkkasi Viisauden
taloon lukuisia merkittäviä tiedemiehiä ja osoitti runsaasti varoja kuninkaallisen
kirjaston muodostamiseksi sekä johtavien tieteellisten ja filosofisten teosten
kääntämiseksi kreikasta, hindistä ja persiasta arabiaksi. Varhaisen islamin piirissä
ihmisiä kannustettiin avoimesti kriittiseen ja älylliseen tutkimukseen. Matematiikka,
luonnontiede ja totuudenetsintä olivat henkisyyden puhtainta ilmentymää ja oppineet
olivat todellisia profeettojen perillisiä. Arabit uskoivat, että tutkimalla luontoa ja
matematiikkaa ihmisen oli mahdollista oppia ymmärtämään ja jopa hallitsemaan
luontoa, sillä ihmisen järki oli perimältään yhtä universaalin järjen kanssa. Tämän
osoituksena luonnon kirja oli kirjoitettu matematiikan kielellä, jota myös ihminen
saattoi järkensä avulla ymmärtää.

Samaan aikaan kun Euroopassa kirjoitettiin vielä kuivatulle eläimennahalle,
Bagdadissa toimi jo kokonaisia paperitehtaita. Aikana, jolloin Eurooppa oli
taikauskoinen ja takapajuinen paikka, jonka parhaissakin kirjastoissa oli vain joitakin
satoja teoksia, Viisauden talossa niitä oli yli 400 000. Harun al-Rašidin aikana
Bagdadista kasvoi Aasian ja Välimeren alueen kulttuurin ja kaupan keskus ja
suurkaupunki, jota suurempi oli vain Konstantinopoli. Abbasidikulttuurin
kukoistuskausi huipentui Harun al-Rašidin pojan Al-Mamunin kaudelle, joka isänsä
tavoin oli intohimoinen antiikin perinnön ja muinaisen viisaustradition vaalija ja
suojelija. Bagdad säilytti vuosisatojen ajan asemansa maailman merkittävimpänä
kaupankäynnin keskuksena, jossa tavaroiden lisäksi harjoitettiin myös aktiivista
ajatusten vaihtoa.

Hinduoppineiden vierailu abbasidivaltion hovissa 770 luvulla oli todellinen
käännekohta sekä arabisivistyksen, että koko länsimaisen sivistyksen historiassa.
Arabit omaksuivat hinduilta kymmenjärjestelmän eli nollasta ja yhdeksästä
numeraalista koostuvan lukujärjestelmän, joka 1000-luvulla siirtyi arabeilta
Eurooppaan. Eurooppalaiset kutsuvat numeroitaan arabialaisiksi, sillä he ovat perineet
ne arabeilta. Arabeille numerot ovat kuitenkin intialaisia, sillä he olivat oppineet ne
Intian hinduilta.

Toisin kuin keskiajan eurooppalaisilla, arabeilla ei ollut ongelmia tunnustaa maapallon pyöreää muotoa. Niinpä he hyödynsivät antiikin tietämystä myös maapallon pituus- ja leveyspiirien määrittelyssä. Al Mamunin kokoama tiedemiesjoukko määritti muun muassa maapallon ympärysmitan, jossa he onnistuivat paremmin kuin antiikin kreikkalaiset noin tuhat vuotta aiemmin. Arabeja tarkempi mittaustulos saavutettiin Euroopassa vasta 1500-luvulla.

Viisauden taloon oli kertynyt paljon tietoa myös koskien Egyptiä ja Gizan Suurta pyramidia, jonka uumeniin ja mittasuhteisiin uskottiin tallennetun kauan sitten kadonneen korkeakulttuurin korkein viisaus ja tieto. Niinpä vuonna 820 Al Mamun kokosi ympärilleen suuren joukon asiantuntijoita, jotka auttaisivat häntä murtamaan tiensä läpi Gizan Suuren pyramidin paksun ulkokuoren ja luodakseen sitä kautta pääsyn sisällä odottaviin hengen ja tiedon aarteisiin. Asiantuntijoiden arvion mukaan louhintatyöt kannatti aloittaa pyramidin pohjoissivustalta, sillä käytäväjärjestelmä sai todennäköisimmin alkunsa sieltä. Asiantuntijoiden antamien arvioiden pohjalta Al Mamun määritti tunnelin aloituskohdaksi pyramidin seitsemännen kivikerroksen (kerrokset 6-8) noin seitsemän metriä pyramidin keskikohdan länsipuolelta ja määräsi miehensä töihin.

Urakka osoittautui kuitenkin jo varsin pian oletettua hankalammaksi. Ajan temperoima kalkkikivi oli kovaa ja lohkeili varsin huonosti. Nopeuttaakseen prosessia työmiehet sytyttivät säännöllisin väliajoin tunnelin perälle tulen, jonka tarkoituksena oli kuumentaa kiviaines ensin hehkuvan kuumaksi. Kun hehkuva kivimassa jäähdytettiin nopeasti kylmällä viinietikalla, oli sillä taipumus lohkeilla, minkä jälkeen sitä saattoi paremmin takoa muurinmurtajilla ja hakuilla. Työ edistyi hitaasti ja mitä syvemmälle miehet kaivautuivat, sitä sietämättömämmäksi työolosuhteet muuttuivat. Tunneli oli ahdas, kuuma, pölyinen, likainen ja pimeä. Työmaata täytyi jatkuvasti valaista soihduilla, mutta soihdut tuottivat tunneliin myös lämpöä ja savua, mikä teki työolosuhteet vaikeiksi ja kulutti muutenkin niukaksi käynyttä happea.

Kuukausien louhintatyön jälkeen tunneli oli jo lähes kolmekymmentä metriä pitkä. Silti merkkiäkään pyramidin sisäisestä tunnelijärjestelmästä ei vielä näkynyt. Juuri kun Al Mamun oli antamassa periksi, miehet kuulivat kumean äänen pyramidin rakenteesta – ikään kuin jokin painava esine olisi pudonnut ja liukunut sitten jonkin matkaa alaspäin. Ääni kuului tunnelin vasemmalta puolelta. Niinpä miehet päättivät tehdä tunneliin mutkan ja edetä suoraan ääntä kohti. Tämän onnekkaan sattuman ansiosta he onnistuivat löytämään tiensä pyramidin sisäiseen noin metrin levyiseen ja korkuiseen alaspäin viettävään käytävään, jonka jyrkkyys (noin 26 astetta) ja liukkaus pakotti miehet jatkamaan matkaansa kontaten. Kivi, joka äänen oli aiheuttanut, oli irronnut käytävän katosta hieman alempaa sitä kohtaa, josta Al Mamun miehet murtautuivat sisälle käytäväjärjestelmään.

Löydetty käytävä oli vain 0,96 metriä korkea ja 1,04 senttimetriä leveä ja sen kokonaispituus oli noin 105 metriä. Se sai alkunsa kymmenen kiviporrasta ylempää sitä kohtaa, josta Al Mamun oli määrännyt kaivaukset aloitettavaksi. Käytävä laskeutui 26 asteen jyrkkyydellä ensin noin kolmekymmentä metriä alaspäin läpi pyramidin kivisen perusrakenteen ja sen jälkeen vielä yli seitsemänkymmentä metriä peruskallion sisään, jonka jälkeen se jatkui vaakatasossa noin 9 metriä päättyen lopulta maanalaiseen kammioon, jonka katto oli jokseenkin viimeistellyn oloinen, mutta jonka lattian korvasi noin 2,5 metrin syvyinen ja kaikin puolin keskeneräisen oloinen kaivanto. Kaivannon eteläseinustalta lähti vielä yksi ahdas tunneli vaakatasossa eteenpäin, joka kuitenkin päättyi pian umpikujaan.

Laajan käytäväjärjestelmän ja valtavien aarrekammioiden sijaan Al Mamun löysikin siis vain yhden pitkän alaspäin johtavan tunnelin ja sen päästä viimeistelemättömän maanalaisen luolan, joka oli typötyhjä. Tämä oli valtava pettymys Al Mamunille, joka uskoi löytävänsä pyramidin sisältä mittaamattomia aarteita ja merkkejä kauan sitten kadonneesta korkeakulttuurista. Ainoa esine joka käytävästä löytyi, oli käytävän katosta irronnut kivi. Paikasta, josta kivi oli irronnut, näkyi huolellisesti viimeistellyn graniittikiven pää, joka oli asetettu ikään kuin ylöspäin nousevan käytävän tukkeeksi. Al Mamunin toivo heräsi uudestaan. Sen enempää Strabon kuin kukaan muukaan antiikin historioitsijoista ei ollut maininnut mitään nousevasta käytävästä. Mikäli aavistus piti paikkansa ja graniittikiven kohdalta todella alkaisi ennalta tuntematon nouseva käytävä, olisi Al Mamun takuulla ensimmäinen ihminen sitten pyramidin rakentajien, joka sen olemassaolosta tiesi. Koska graniittikivi oli liian kovaa murskattavaksi rautahakuilla, komensi Al Mamun miehensä louhimaan tunnelin graniittikiven ohitse.

Nousevan tunnelin kaivaminen oli monin verroin hankalampaa kuin ensimmäisen tunnelin louhintatyö, ja lähes yhtä turhauttavaa, sillä aina kun kaivajat tavoittivat tunnelin sulkevan graniittikiven loppupään, alkunsa sai jälleen uusi samanlainen graniittikivi. Kaikkiaan näitä yli 1,5 metrin mittaisia ja tonnien painoisia graniittikiviä oli käytävässä perätysten kolme kappaletta, jonka jälkeen nousevan käytävän tukkeena oli vielä joitakin helpommin murskattavia kalkkikiviä. Lopulta kaikki esteet saatiin kuitenkin raivatuksi ja niin Al Mamun pääsi miehineen etenemään syvemmälle pyramidin uumeniin.

Kuukausien louhintatyön jälkeen heidän edessään avautui nyt 26 asteen jyrkkyydellä nouseva käytävä, joka muutaman kymmenen metrin jälkeen laajeni yhtäkkiä valtavan suureksi kiviseksi saliksi (Grand gallery: Suuri sali). Vaikka Suuri sali oli vain noin kaksi metriä leveä, oli se kuitenkin lähes 9 metriä korkea, ja jatkui ylös ja eteenpäin avarana ja tilavana jopa yli 50 metrin matkan.

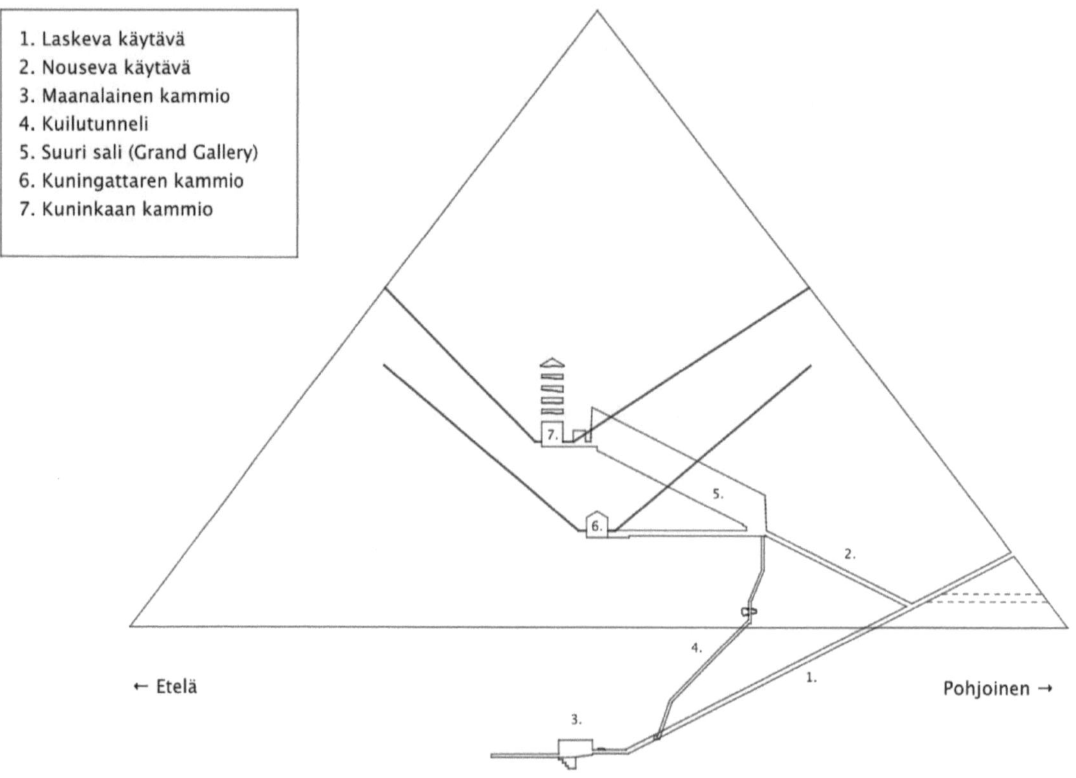


*Suuren pyramidin pohjoiseteläsuuntainen poikkileikkaus*

Suuren salin suulta lähtee kaikkiaan kolme erilaista käytävää, joista ensimmäinen alkaa välittömästi suuaukon oikealta puolelta läheltä lattiarajaa ja on pikemminkin kuilumainen tunneli kuin käytävä. Kutsun sitä kuilutunneliksi.

Kuilutunneli on kaikkiaan noin 60 metriä pitkä ja se johtaa jyrkkänä ja mutkittelevana alaspäin syvälle peruskallioon, jossa se yhdistyy laskevaan käytävään lähellä maanalaisen kammion suuaukkoa. Al Mamunin aikana kuilutunnelin alempi suuaukko oli kuitenkin vielä hiekalla ja soralla tukittu. Joko Al Mamun miehineen ei koskaan löytänyt kuilutunnelia, tai sitten se ei ollut heistä järin kiinnostava, sillä sen olemassaolosta ei jäänyt jälkipolville kirjallista mainintaa.

Toinen käytävä alkaa suoraan Suuren salin suuaukolta ja etenee suoraan vaakatasossa eteenpäin. Se alkaa noin 1,27 metrin korkuisena, mutta noin 30 metrin jälkeen käytävän lattia putoaa yhtäkkiä noin 46 senttiä alaspäin, jonka jälkeen tunnelin korkeus on jo noin 1,73 metriä. Pian tämän jälkeen saavutaan harjakattoiseen kammioon, jonka pituus pohjoiseteläsuunnassa on noin 5,23 metriä ja leveys itä-länsisuunnassa noin 5,75 metriä. Seinät nousevat pystysuorina noin 4,7 metrin korkeuteen. Katon harjakorkeus on 6,23 metriä. Al Mamunin aikana kammion itäseinää koristi pykälittäin ylöspäin kapeneva symmetrinen seitsemästä portaasta koostuva noin 1,04 metriä syvä sisennys, jonka takana Al Mamun ilmeisesti oletti sijaitsevan jotain mielenkiintoista sillä hän määräsi miehensä kaivamaan siihen tunnelin. Kaivuutyö ei kuitenkaan tuottanut tulosta. Tämä kammio, jonka Al Mamun nimesi kuningattaren kammioksi, on asemoitu siten, että sen harjakatto määrittää täsmällisesti pyramidin poikkileikkauksen keskikohdan sijainnin pohjois-etelä-akselilla.

Myös pyramidin kolmas käytävä alkaa suuren salin suulta. Se jatkaa samaa 26 asteen nousukulmaa kuin nousevan käytävän alkuosa, mutta sille päästäkseen täytyy ensin kiivetä käytävää reunustavan kivetyksen kautta kuningattaren kammioon johtavan käytävän päälle. Nousu jatkuu läpi suuren salin vielä reilut 40 metriä, jonka jälkeen se päättyy noin metrin korkuiseen portaaseen, joka sijaitsee suoraan kuningattaren kammion yläpuolella. Myös tämä porras, aivan kuten kuningattaren kammion harjakattokin, sijaitsee täsmällisesti pyramidin pohjoiseteläsuuntaisen poikkileikkauksen keskikohdassa. Portaan jälkeen alkaa vajaat kaksi metriä pitkä tasanne, joka päättyy suuren salin eteläiseen päätyseinään. Päätyseinästä alkaa jälleen ahdas, noin 7 metrin mittainen käytävä, jonka varrella vastaan tulee ensin eräänlainen esikammio ja vasta sen jälkeen varsinainen pääkammio, jonka Al Mamun nimesi kuninkaan kammioksi.

Kuninkaan kammio on hienoin ja viimeistellyin kaikista Suuren pyramidin kammioista. Sen seinät ja lattia koostuvat huolella hiotusta punaisesta graniittikivestä. Kivipaadet on aseteltu vieri viereen niin täsmällisesti, ettei kivien liitoskohdissa voida havaita millimetrin kymmenysosaa suurempia rakoja. Kammion länsipäädyssä sijaitsee ontoksi koverrettu suorakulmaisen särmiön muotoinen graniittinen kivi, jonka Al Mamun oletti kuolleen kuninkaan arkuksi – sarkofagiksi. Mutta arkku oli tyhjä. Samoin koko pyramidi. Sisältä ei löytynyt kerta kaikkiaan mitään. Ei patsaita, ei aarteita, ei kaiverruksia, ei edes seinämaalauksia. Al Mamunille alkoi vähitellen selvitä, että kuukausien vaivannäkö oli valunut hukkaan. Turhautuneena Al Mamunin miehet rikkoivat kuninkaan kammion lattian yrittäen epätoivoissaan löytää salaista käytävää, mutta turhaan. Mitään ei löytynyt.

# 70. Todelliset pyramidit ja pimeä keskiaika

Al Mamunin jälkeen Gizan pyramidit saivat olla suhteellisen rauhassa useiden vuosisatojen ajan. Eräs arabialainen historioitsija kuvaili vierailuaan Gizan pyramideilla varhain 1200-luvulla. Hänen mukaansa Gizan Suuren pyramidin julkisivu oli muuten täydellinen, lukuun ottamatta Al Mamunin louhimaa sisäänkäyntiä pyramidin pohjoissivustalla. Pian tämän jälkeen sarja poikkeuksellisen rajuja maanjäristyksiä koetteli Pohjois-Egyptiä, mikä ilmeisesti irrotti osan pyramidin päällyskivetyksestä ja teki mahdolliseksi kiipeilyn sen jyrkillä seinämillä. Lähistöllä asuneet kivisepät innostuivat pyramidin juurelle pudonneiden valmiiksi hiottujen kivien laadusta siinä määrin, että alkoivat järjestelmällisesti riisua pyramideja päällyskivetyksestään. Gizan pyramidit tarjosivat paikallisille kivisepille kallisarvoista valmiiksi hiottua raaka-ainetta useiden sukupolvien ajaksi. Kaikki todelliset pyramidit yhteenlaskettuna tätä sileää kivistä raaka-ainetta oli tarjolla jopa yli 30 hehtaaria. Ainoastaan Dahshurin taitepyramidi ja Suuren pyramidin viereisen pyramidin ylin huippu olivat niin vaikeasti saavutettavissa, että suurin osa niiden pinta-alasta säilyi ahneiden kiviseppien ulottumattomissa.

Seuraavien vuosisatojen kuluessa kaikki todelliset pyramidit taitepyramidia ja 2. pyramidin huippuosaa lukuun ottamatta riisuttiin alastomaksi tasaiseksi hiotusta julkisivustaan. Jäljelle jäi pelkkä pyramidin perusrakenne. Kiviseppien ahkeroinnin seurauksena pyramidien sivut peittyivät kivijätteestä jopa yli 10 metrin korkeuteen saakka. Niinpä myös Al Mamunin kaivaman tunnelin suuaukko meni lopulta umpeen. Samalla kivisepät kuitenkin avasivat pyramidin varsinaisen sisäänkäynnin noin kymmenen kerrosta ylempää, joka oli riittävän korkealla myös pysyäkseen auki.

Keskiajan synkimpinä vuosisatoina lepakot valtasivat Suuren pyramidin käytäväjärjestelmän ja enää vain ani harvat uskaltautuivat sisälle pyramidiin. Keskiajalla Euroopassa uskottiin yleisesti, että pyramidit olivat Raamatun Joosefin rakennuttamia viljavarastoja, jotka hän rakennutti ennustamiensa seitsemää lihavaa vuotta scuraavien seitsemän laihan vuoden varalle. Myös vallalla olleet taikauskoiset kuvitelmat pyramidien kätköissä piileskelevistä käärmeistä, noidista ja hirviöistä piti tunkeilijat loitolla. Eurooppalaisten tutkimusmatkailijoiden tulohaluja vähensi myös Egyptin turvattomuus. Egypti oli varsin vaarallinen kohde yksinäiselle tutkimusmatkailijalle. Omin päin pyramideille suuntaava matkailija menetti Egyptissä varsin suurella todennäköisyydellä paitsi matkatavaransa, myös henkensä. Pyramidien tutkimuksen edellytyksenä oli pääsy paikallisten janissaarien suojelukseen. Mutta ei pyramideille tuolloin ollut juuri tulijoitakaan. Islamilaisen kulttuurin korkein kukoistuskausi oli jo auttamatta ohi, ja eurooppalaisten kiinnostus pyramideja kohtaan oli vasta heräilemässä sitä mukaa, kun lukutaito ja antiikin kirjallisuus alkoivat vähitellen levitä Eurooppaan.

# 71. Länsimaisen pyramiditutkimuksen pioneerit: John Greaves ja Isaac Newton

Vasta kun renessanssi löi kunnolla läpi Euroopassa, alkoi todellisten pyramidien järjestelmällinen tutkimus jälleen kiehtoa monia tieteen eturivin edustajia. Ensimmäinen maininnan arvoinen tutkija Al Mamunin jälkeen lienee 36-vuotias brittiläinen matemaatikko ja astronomi John Greaves, joka lähti tutkimusmatkalle Gizaan vuonna 1638. Hän oli suorittanut opintonsa maineikkaassa Oxfordin yliopistossa ja opetti geometriaa Lontoossa Gresham Collegen geometrian professorina. Al Mamunin tavoin John Greaves oli kiinnostunut Gizan suuren pyramidin mittasuhteista, sekä sen rakentamisessa käytetyistä mittayksiköistä. Yhä edelleen eli vahvana uskomus, että todellisten pyramidien rakentamisessa käytetty mittayksikkö pohjautui universaaliin mittastandardiin (Universal Standard of Measure), joka oli jollain tavoin synkronoitu maapallon mittasuhteiden ja joidenkin raamatussa ilmoitettujen mittojen kanssa.

Mittayksikön mysteeriä tutkiakseen John Greaves matkusti Egyptiin vuonna 1638. Paikan päällä hän tapasi nuoren Italialaisen Tito Livio Burattinin, joka oli tullut Egyptiin täsmälleen samoissa aikeissa kuin Greaveskin. Burattinin matkan oli rahoittanut puolalainen jesuiittapappi isä Athanasius Kircher, joka kävi aktiivista kirjeenvaihtoa katolisen kirkon kotiarestiin tuomitseman Galileo Galilein kanssa. Galileo oli aiemmin tutkinut muun muassa heiluriliikettä ja todennut heilurin värähtelyajan pysyvän vakiona riippumatta heilahduksen laajuudesta. Tämän pohjalta Burattini pyrki löytämään sellaisen heilurin pituuden, jonka heilahdus puolelta toiselle kestäisi tasan yhden sekunnin, ja joka tunnissa heilahtaisi puolelta toiselle tasan 3600 kertaa. Tällaisen heilurin pituus olisi Burattinin mukaan oivallinen universaalin mittajärjestelmän perusta. Myöhemmin Burattini kuitenkin luopui hankkeestaan oivallettuaan, että tasamittainen heiluri heilahteli eri tavoin riippuen siitä, heilahteliko se korkealla vuoristossa lähellä päiväntasaajaa vai lähellä meren pintaa maapallon napa-alueella. Heilurin heilahdus oli toisin sanoen riippuvainen maapallon vetovoimasta, joka vaihteli mittauspaikasta riippuen. Nykyisin voimme tarkistaa heiluriyhtälöä hyväksi käyttäen Burattinin kaavaileman metrin tarkan pituuden. Burattinin laskennallinen metri erosi nykymetristä vain noin 0,6 senttimetriä.

Kun Greaves ja Burattini lähestyivät pyramidin sisälle johtavan käytävän suuaukkoa, alkoi pyramidin sisältä vyöryä ulos valtavia lepakkoparvia. Pahimman lepakkomyrskyn laannuttua miehet laukaisivat varmuuden vuoksi vielä pistoolinsa käytävän oviaukolla pelotellakseen loputkin lepakot ulos. Kun lepakoita ei enää tullut, alkoi laskeutuminen varsinaiseen käytäväjärjestelmään. Lepakoiden jälkeensä jättämä haju oli lähes sietämätön. Päästyään nousevan käytävän suuaukolle, miehille kävi nopeasti selväksi, ettei pääsy tunnelin maanalaiseen osaan ollut enää mahdollista. Al Mamunin miehet olivat käyttäneet laskevan tunnelin alaosaa irtokivien kaatopaikkana kaivaessaan nousevaa tunnelia graniittisten sulkukivien ohitse noin kahdeksan vuosisataa aikaisemmin. Tie käytävän maanalaiseen osaan oli siis auttamatta tukossa, eikä sen avaamiseen ollut niissä olosuhteissa mitään mahdollisuuksia. Niinpä miesten oli jatkettava suoraan ylöspäin johtavalle käytävälle. Suureen saliin saavuttuaan miehet päättivät vierailla ensin kuningattaren kammiossa, mutta lepakoiden jälkeensä jättämä haju oli niin sietämätön ja ilma niin huonoa, etteivät miehet kyenneet pysyttelemään siellä pitkään.

Suuren salin ja kuninkaan kammion mittaus ja tutkimus sujuivat sen sijaan suotuisemmissa olosuhteissa. Aivan erityisesti Greavesin silmiin pisti työn erinomainen laatu. Olipa kyse sitten suuren salin taidolla hiotuista kalkkikiviseinistä tai kuninkaan kammion saumattomista graniittikivipinnoista – työn jälki oli aina silmiinpistävän virheetöntä. Palatessaan kuninkaan kammiosta takaisinpäin miehet havaitsivat, että käytävää reunustavasta kivetyksestä puuttui pala aivan suuren salin sisäänkäynnin läheltä. Aukko sijaitsi alhaalla käytävän länsipuolella ja siitä lähti tunneli alaspäin. Greaves laskeutui kuilutunnelia alaspäin noin 20 metriä, mutta tässä vaiheessa ilma oli käynyt jo niin huonoksi ja lepakoita oli niin paljon, etteivät miehet katsoneet voivansa jatkaa enää syvemmälle. Ennen poislähtöään Greaves kuitenkin pudotti vielä soihtunsa kuilun pohjalle varmistuakseen siitä, ettei kuilu ollut pohjaton.

Miehet suorittivat runsaasti mittauksia myös pyramidin ulkopuolella. He muun muassa kiipesivät Suuren pyramidin huipulle ja laskivat matkalla kaikki kivikerrokset tehden laskelmiensa perusteella omat arvionsa pyramidin korkeudesta. Tarkkojen arvojen määrittäminen oli tuolloin kuitenkin vielä mahdotonta johtuen pyramidin perustukset peittävästä yli kymmenen metrin paksuisesta hiekka- ja kivikerroksesta.

Ennen kotiin paluutaan Greaves luovutti mittavälineensä Burattinille, joka jäi alueelle jatkamaan mittauksia ja tutkimuksia. Kotiin palattuaan John Greaves nimitettiin Oxfordin yliopiston astronomian professoriksi ja hän kirjoitti tutkimuksistaan raportin nimeltä Pyramidographia (1646). Greavesin mittaukset otettiin tiedemaailmassa kiitellen vastaan. Tutkimuksiinsa vedoten Greaves päätteli muinaisilla egyptiläisillä olleen sellaista matemaattisgeometrista tietoa, joka sivistyneeltä maailmalta oli ollut vuosituhansia unohduksissa.

Greavesin tutkimuksen pohjalta Isaac Newton kirjoitti myöhemmin oman tutkielmansa Suuren pyramidin rakentamisessa käytetystä mittajärjestelmästä. Tutkimus tunnetaan nimellä: *A Dissertation upon the Sacred Cubit of the Jews and the Cubits of the several Nations: in which, from the Dimensions of the greatest Egyptian Pyramid, as taken by Mr. John Greaves, the ancient Cubit of Memphis is determined.*

Newton kehitteli tuolloin painovoimateoriaansa, jota testatakseen hänen tarvitsi tietää maapallon tarkka ympärysmitta. Syystä tai toisesta hän oli vakuuttunut siitä, että Gizan Suuren pyramidin rakentamiseen käytetyn mittayksikön pituus oli johdettu suoraan maapallon mittasuhteista. Niinpä pyramidin rakentamiseen käytetyn kyynärän pituuden tuntemisen oli määrä auttaa Newtonia myös painovoimateorian viimeistelyssä.

Tutkimuspaperissaan Newton esitti, että Gizan Suuri pyramidi kätki sisäänsä kaksi eri mittayksikköä, joista ensimmäinen oli arkinen ja yleisesti tunnettu kyynärä, joka oli pituudeltaan noin 20,63 tuumaa (noin 52,4 senttimetriä), sekä pyhä ja salattu kyynärä, jonka pituus oli noin 25 tuumaa (noin 63,6 senttimetriä).

Palaamme Newtoniin ja hänen mittayksiköihinsä uudestaan vielä hieman myöhemmin tässä esityksessä.

# 72. Nathaniel Davison ja Edward Wortley Montagu

Vuonna 1765 Algerian brittiläinen pääkonsuli Nathaniel Davison ja suurlähettiläs Edward Wortley Montagu päättivät käyttää lomansa Gizan Suuren pyramidin tutkimiseen. Heidän pääasiallisena tavoitteenaan oli Suuren salin luoteiskulmasta alkunsa saavan alaspäin johtavan kuilutunnelin tutkiminen, mihin tehtävään he olivat myös huolellisesti valmistautuneet. Paikalle saavuttuaan Davison laski ensin lyhdyn kuilun pohjalle, sitoi sitten köyden ympärilleen ja laskeutui sen varassa kuilua alaspäin noin kolmekymmentä metriä syvemmälle kuin John Greaves oli tehnyt lähes 130 vuotta aikaisemmin. Hengitysilma kuilun pohjalla oli äärimmäisen ummehtunutta ja happi vähissä, eikä pohjalta löytynyt muuta kuin valtava määrä lepakoita, joiden syöksähtelyt olivat toistuvasti sammuttaa Davisonin lyhdyn. Kuilun pohja oli soran ja lepakoiden jätösten peitossa. Niinpä miehet joutuivat pettyneinä toteamaan, ettei heidän tutkimuksensa tuonut vastausta kuilun arvoitukseen. Pikemminkin kuilutunnelin mysteeri vain kasvoi entisestään. Miksi rakentaa kymmeniä metrejä syvä kuilutunneli aivan Gizan Suuren pyramidin ytimeen, joka ei kuitenkaan johda minnekään? Kysymykseen ei ollut vastausta. Niinpä tutkimuksia oli jatkettava muualla pyramidissa.

Suuren salin eteläpäädyssä Davisonin huomio kiinnittyi erikoiseen kaikuun. Ääni tuntui kaikuvan oudosti, ikään kuin ylhäällä salin eteläpäädyssä olisi ollut jokin tuntematon tyhjä tila. Davison sitoi kynttilän pitkän varren päähän ja nosti sitä nähdäkseen paremmin salin yläosaan. Aivan salin eteläisen päätyseinän katonrajasta hän löysi noin 60 senttimetriä leveän neliön muotoisen aukon. Davison sitoi seitsemän lyhyttä tikapuuta yhteen ja kykeni niiden avulla kiipeämään aukon suulle. Yritys oli erittäin uhkarohkea, mutta Davison onnistui kaikesta huolimatta. Aukko paljastui tunneliksi, jota pitkin oli mahdollista ryömiä eteenpäin, mikäli tunnelin pohjalle kertynyt yli 40 senttimetrin korkuinen kerros lepakon lantaa ei muodostanut yritykselle ylitsepääsemätöntä henkistä estettä. Hetken epäröityään Davison peitti kasvonsa huivilla ja ryömi päättäväisesti ahtaaseen ja törkyiseen tunneliin. Noin 7,5 metriä ryömittyään hän saapui alle metrin korkuiseen mutta yli 5 x 10 metriä leveään kammioon, jonka katto oli tehty graniittikivestä. Lattiaa ei näkynyt, sillä se oli täysin lepakon lannan peitossa. Kaivettuaan lattian esiin hän tajusi istuvansa kuninkaan kammion graniittisten kattokivien päällä. Kiviä oli kaikkiaan yhdeksän kappaletta ja jokainen niistä painoi arviolta yhden keskiraskaan höyryveturin verran – siis noin 70 tonnia. Samanlaiset kivet löytyivät myös kammion katosta. Myöhemmin tämä matala kammio nimettiin löytäjänsä mukaan Davisonin kammioksi.

# 73. Napoleon Bonaparte ja ranskalaiset tiedemiehet

Toukokuussa 1798 Napoleon Bonaparte nousi maihin Egyptissä tarkoituksenaan valloittaa maa ja lopettaa Britannian vaikutusvalta alueella. Egyptin alue oli strategisesti ratkaisevan tärkeä Ranskalle. Valtaamalla Egyptin Ranska hallitsisi Lähi-idän kauppaa ja voisi luoda perustan tulevalle laajentumiselle itään. Mukanaan Napoleonilla oli paitsi 35 000 miehen vahvuinen armeija, myös laaja tutkija-, taiteilija-, insinööri- ja tiedemiesjoukko, jonka oli määrä tehdä Egyptissä tutkimuksia, kunhan armeija oli ensin saanut tilanteen maassa vakautetuksi. Napoleonin oli määrä kartoittaa ja tutkia Egyptin muinaismuistoja, maan nykykulttuuria, luontoa ja maantiedettä valistuksen ajan hengessä. Siviiliasiantuntijoiden avustuksella Egypti oli tarkoitus muuttaa nopeasti nykyaikaiseksi kansakunnaksi valistuksen ihanteiden mukaisesti. Yhdistämällä tieteellisen retkikunnan osaksi sotilaskampanjaansa Napoleon loi itsestään kuvaa edistyksellisenä hallitsijana, jolla oli korkeammat henkiset päämäärät kuin vain pelkkä sotiminen ja vallan tavoittelu.

Napoleonin moderni armeija löi mennen tullen Egyptiä hevosin ja sapelein hallinneet Mamelukit niin sanotussa Pyramidien taistelussa, ja niin Egypti oli taivutettu Ranskan vallan alaisuuteen. Napoleon asettautui Kairoon ja ryhtyi välittömästi pystyttämään ranskalaista hallintoa. Tiedemiehet lähetettiin töihin piirtämään karttoja ja dokumentoimaan maan muinaismuistoja.

Pyramideille saapuessaan ranskalaiset tiedemiehet hämmästyivät oivaltaessaan kuinka syvälle hiekan ja kivijätteen alle Gizan pyramidien perusta oli hautautunut. Pyramidin kaikkien sivujen esiin kaivaminen olisi ollut liian suuri urakka. Niinpä ranskalaiset päättivät kaivaa esiin vain pyramidin pohjoiskulmat, mitä tarkoitusta varten he järjestivät avukseen 150 paikallista työmiestä. Sillä välin kun perustusten kaivuutyöt olivat käynnissä pyramidin pohjoissivulla, jäi ranskalaisille kosolti aikaa tutustua pyramidin sisäiseen käytäväjärjestelmään. Sisätilojen tutkimusta tosin hankaloitti yhä lisääntyneet ja alati aggressiivisemmaksi käyneet lepakot sekä äärimmäisen huono ilmanlaatu.

Ranskalaiset laskeutuivat kuilutunnelin pohjalle, mutta totesivat työskentelyolosuhteet siellä mahdottomiksi hengitysilman puutteen ja lepakoiden suuren määrän vuoksi. Lisäksi he vierailivat Davisonin kammiossa, missä he mittasivat lepakon lannan korkeudeksi nyt 28 senttimetriä. Ehkäpä kiinnostavin ja kauaskantoisin ranskalaisten tekemä havainto pyramidin sisällä liittyi pyramidissa havaittuun erikoislaatuiseen kaikuun. Pyramidin sisäosien akustiikkaa tutkiakseen ranskalaiset laukaisivat kiväärin suuressa salissa. Laukauksen aiheuttama jylinä ei kuitenkaan jäänyt vain suureen saliin, vaan aiheutti vaimean jälkikaiun, joka eteni syvemmälle pyramidin rakenteisiin ja jatkui siellä kauan, ikään kuin etäinen ukkosen jyrinä. Kaiku sai ranskalaiset pohdiskelemaan toistaiseksi tuntemattomien kammioiden olemassaolon mahdollisuutta. Tätä havaintoa lukuun ottamatta Napoleonin retkikunnan suorittama pyramidien sisäosien tutkimus jäi tuloksiltaan varsin laihaksi. Pyramidin ulkopuolella suoritettu tutkimus kantoi sen sijaan sitäkin runsaampaa hedelmää.

Kaivettuaan Suuren pyramidin pohjoiskulmien perustukset esiin, ranskalaiset havaitsivat pyramidin rakennetun äärimmäisen tasaisen ja huolellisesti viimeistellyn kivilaatoituksen perustalle. Sekä koillis- että luoteiskulmista ranskalaiset löysivät perustuksiin kaivetut noin 50 senttimetrin syvyiset istukat, joiden ilmeisenä tarkoituksena oli toimia syvennyksenä pyramidin kulmakiville. Nyt ranskalaisilla oli vihdoin käytössään kaipaamansa kiintopisteet pyramidin mittasuhteiden määrittämiselle. Vaikka täsmällisten mittausten tekeminen oli mahdotonta pyramidin sivuja peittävän paksun hiekkakerroksen vuoksi, kykenivät ranskalaiset antamaan ensimmäisen kelvollisen likiarvon pyramidin pohjaneliön sivun pituudelle. He päätyivät tulokseen 230,902 metriä. Likiarvo pyramidin korkeudelle saatiin mittaamalla pyramidin jokainen kivikerros alhaalta aina huipulle asti. Näin pyramidin alkuperäiseksi korkeudeksi arvioitiin noin 144 metriä.

Ranskalaiset tutkijat totesivat pyramidin sivujen olleen suunnattu hämmästyttävän suurella tarkkuudella pääilmansuuntien mukaan. Lisäksi he huomasivat Gizan pyramidialueen pituuspiirin sijaitsevat hyvin tarkasti Niilin suistoalueen keskikohdassa. Pyramidin pituuspiiri jakoi suistoalueen keskeltä kahteen osaan siten, että pyramidin sijaintia ympyrän sektorin keskipisteenä käyttämällä koko suistoalue asettui täydellisesti 45 asteisen sektorin sisään. Välimeren rannikko asetti luonnolliset rajat sektorin sivujen pituuksille, jotka olivat lähes täsmälleen yhtä pitkät. Kun käytämme tuloksen tarkistamiseen nykyaikaista Google Earth -karttatyökalua, voimme todeta sektorin läntisen sivun pituudeksi noin 182 450 metriä ja itäisen sivun pituudeksi 182 830 metriä. Sivujen pituudet vastaavat toisiaan noin 99,8 prosentin tarkkuudella.

Ranskalaisten mukaan oli hyvin epätodennäköistä, että tämänkaltainen symmetrinen kauneus oli pelkkää sattuman seurausta. Gizan pyramidialueen paikka vaikutti tarkoin harkitulta. Tutkimusryhmän johtajana oli nuori kartantekijä, insinööri ja arkeologi Edme-François Jomard. Jomard tunsi tarkoin antiikin Kreikan klassikot ja tiesi muun muassa Platonin, Herodotuksen ja Diodoruksen nimenneen Egyptin matematiikan ja geometrian syntykodiksi. Niin Platon, Solon kuin Pythagoraskin matkustivat Egyptiin opiskellakseen matematiikkaa ja geometriaa. Historian kirjoissa antiikin Kreikka esitettiin yksiselitteisesti tieteenfilosofian alkukotina, mutta Jomard kyseenalaisti tämän näkemyksen ja epäili suuren osan tuosta tiedosta olleen alkujaan egyptiläistä alkuperää.

Ranskalaiset tekivät myös laskelmia Suureen pyramidiin tarvittujen kivien määrästä. Kävi ilmi, että Gizan pyramideihin käytetyllä kivimäärällä olisi voinut rakentaa metrin leveän ja kolme metriä korkean kivimuurin ympäri koko Ranskan valtakunnan maarajojen. Tämä ajatus teki sotilaskoulutuksen saaneeseen Napoleoniin arvatenkin suuren vaikutuksen.

Kun tiedemiehet lopulta palasivat Egyptistä Ranskaan, käski Napoleon heidän koostaa kaikesta hankkimastaan tiedosta yksityiskohtaisen esityksen. Työ kesti liki neljännesvuosisadan ja tuotti yhdeksänosaisen teossarjan.

Merkittävin ranskalaisten tekemä yksittäinen löytö oli kuitenkin niin sanottu Rosettan kivi. Rosettan kivi on kivipaasi, joka löytyi sattumalta armeijan linnoitustöiden yhteydessä Rosettan kaupungista Pohjois-Egyptistä. Löydetty kivisteela oli ainutlaatuinen siinä mielessä, että siihen oli kaiverrettu sama teksti kolmella eri kirjaimistolla ja kahdella eri kielellä. Steelan ylin osa muodostui muinaisegyptiläisestä hieroglyfikirjoituksesta. Sen jälkeen sama asia ilmaistiin muinaisegyptiksi demoottisin kirjaimin, ja lopuksi vielä kreikaksi kreikkalaisin kirjaimin. Rosettan kivi muodostui ratkaisevaksi tekijäksi muinaisegyptiläisen hieroglyfikirjoituksen selvitystyössä. Viimeiset hieroglyfikirjoituksen osaajat olivat näet kadonneet maailmasta yhdessä faaraoiden ajan Egyptin kanssa oletettavasti jo kauan ennen ajanlaskun alkua. Otollisesta lähtökohdasta huolimatta tehtävän ratkaiseminen oli yllättävän hankalaa ja vaati aikaa jopa yli kaksikymmentä vuotta. Ratkaisun esteenä oli pitkään antiikin kirjallisten lähteiden myötä syntynyt virheellinen käsitys siitä, että hieroglyfikirjoitus perustui symboliseen kuvakirjoitukseen. Vuonna 1822 nuori ranskalainen Jean-Francois Champollion kykeni kuitenkin osoittamaan, että kuvakirjoituksen sijaan hieroglyfit symboloivat foneettisia merkkejä, tarkalleen ottaen konsonantteja. Vasta tämän ratkaisevan oivalluksen myötä muinaisegyptin tutkimus lähti todelliseen nousukiitoon. Lukemattomat siihen saakka mykkinä ja käsittämättöminä pysytelleet tekstit alkoivat yhtäkkiä avautua tutkijoille. Tästä oivalluksesta alkoi muinaisegyptin tutkimuksen kultakausi, jonka kiihkein vaihe kesti koko 1800-luvun lopun ja huipentui Tutankhamonin haudan löytämiseen tasan sata vuotta myöhemmin vuonna 1922.

# 74. Giovanni Caviglia ja Richard Howard-Vyse

Ranskalaisten lähdettyä Egyptistä seuraava maininnan arvoinen tutkija on italialainen kauppalaivan kapteeni ja aarteenetsijä Giovanni Battista Caviglia. Hän suoritti tutkimuksia Gizassa vuosien 1816 – 1835 aikana. Caviglia suoritti kaivauksia muun muassa kuningattaren- ja kuninkaan kammioiden ympärillä. Kuninkaan kammion eteläseinän taakse hän kaivautui ylhäältä käsin eli Davisonin kammion kautta. Hän etsi kuninkaan- ja kuningattaren kammion läheisyydestä salaista ja tuntematonta tyhjää tilaa. Mitään ei kuitenkaan löytynyt. Tämän jälkeen hänen kiinnostuksensa kohdistui Suuren salin pohjoispäädystä alkavaan kuilutunneliin. Hän päätti tyhjentää kuilun pohjan irtosorasta nähdäkseen, oliko kyseessä todella vain pelkkä tarkoitukseton umpikuja, vai johtiko tunneli sittenkin jonnekin. Caviglia sai palkattua tehtävään joukon työmiehiä, jotka alkoivat pian kuitenkin pyörtyillä kuilun pohjalla hapen puutteen vuoksi. Työmiehet kieltäytyivät jatkamasta töitä törkyisissä ja lähes hapettomissa olosuhteissa. Caviglia yritti ensin puhdistaa kuilun ilmaa monin eri tavoin, mutta tulokset jäivät laihoiksi. Niinpä hän päätti lähestyä ongelmaa toista kautta.

Kun Al Mamunin miehet puhkaisivat 800-luvulla tunnelin pyramidin nousevaan käytäväjärjestelmään, kippasivat he prosessin seurauksena syntyneen kivijätteen laskevaan käytävään, mikä lopulta tukki käytävän ja esti pääsyn maanalaiseen kammioon lähes kokonaiseksi vuosituhanneksi. Nyt Caviglia päätti siivota Al Mamunin aiheuttaman sotkun ja avata reitin uudelleen. Hän oli näet arvioinut, että tunnelikuilun toinen pää saattoi tulla hyvinkin lähelle maanalaista kammiota.

Raivattuaan esteet tieltään Caviglia eteni alas laskevaa käytävää ja alkoi etsiä merkkejä tunnelin toisesta päästä. Hieman ennen laskevan käytävän loppua käytävän länsipuoleisella seinällä oli pieni syvennys, jonka olemassaololle ei tuntunut löytyvän mitään syytä. Niinpä Caviglia arveli, että kyseessä saattoi olla kuilutunnelin toinen pää ja komensi miehet kaivamaan syvennyksen kohdalta ylöspäin. Caviglian arvaus osui oikeaan eikä aikaakaan, kun kuilutunnelin pohjaa peittänyt hiekka ja sora alkoi valua alas laskevaan käytävään. Jonkin ajan kuluttua miehet tunsivat ilmavirran kulkevan läpi puhkaistun reiän. Näin tunnelikuilun toinen pää oli löytynyt. Mutta kuka tämän kuilutunnelin oli valmistanut, ja miksi? Entä miksi se oli tukittu? Pelkkä ajatuskin siitä, että tunnelikuilu olisi rakennettu vasta pyramidin valmistumisen jälkeen tuntui mahdottomalta. Niinpä sekä kuilutunnelin rakentamisen, kuin myös sen tukkimisen, täytyi kuulua arkkitehdin alkuperäiseen suunnitelmaan.

Vuonna 1835, Giovanni Caviglian ollessa jo 65-vuotias, Egyptiin saapui varakas brittiläinen eversti, Richard Howard-Vyse, jonka vakaana tarkoituksena oli jättää pysyvä jälkensä Gizan pyramidialueen tutkimuksen historiaan. Howard-Vyse oli palkannut avukseen rakennusinsinööri John Shae Perringin, jonka kanssa hänen oli määrä suorittaa mittauksia paitsi Gizan alueella, myös muualla Egyptissä. Aluksi hänen palvelukseensa astui myös Giovanni Caviglia, mutta riitaannuttuaan Howard-Vysen kanssa Caviglia joutui jättämään työmaan.

Richard Howard-Vyse perusti tukikohtansa pyramidialueen reunalla sijaitsevaan vanhaan kalliohautaan. Tämä peruskallioon louhittu luolasto sopi keskeisen sijaintinsa ja luontaisen viileytensä puolesta erinomaiseksi tukikohdaksi kenttätyöskentelylle.

Ranskalaiset olivat reilut kolmekymmentä vuotta aikaisemmin kaivaneet Suuren pyramidin koillis- ja luoteiskulmien perustukset näkyville. Nyt ne olivat kuitenkin jälleen irtokivien ja hiekan peitossa. Tällä kertaa Howard-Vyse päätti kaivaa Suuren pyramidin pohjoissivun keskikohdan puhtaaksi sorasta ja kivijätteestä. Hän palkkasi toimeen jopa yli 700 paikallista työmiestä ja aloitti kaivuutyöt, joita massiivisempia ei oltu nähty alueella ehkäpä koskaan sitten pyramidien rakentamisen.

Sillä välin kun työmiehet raivasivat pyramidin pohjoissivua, oli Howard-Vysellä aikaa tutkia pyramidin sisätiloja. Ennen riitaantumistaan Howard-Vysen kanssa, oli Giovanni Caviglia esitellyt Howard-Vyselle Davisonin kammion katosta löytämänsä halkeaman. Caviglia oli näyttänyt, kuinka halkeaman kautta saattoi ujuttaa ohuen rautalangan kivetyksen läpi yläpuolella olevaan tyhjään tilaan. Näin Howard-Vyse tuli vakuuttuneeksi siitä, että Davisonin kammion yläpuolella oli toinenkin tyhjä kammio. Epäonnistuttuaan useaan otteeseen yrityksessään murtaa tiensä läpi graniittikivetyksen perinteisiä työkaluja käyttäen, päätti eversti turvautua ruutiin ja räjäyttää tiensä läpi esteiden.

Savun ja pölyn hälvettyä miehet nousivat tutkimaan räjähdyksen jälkiä. Uuden kammion löytyminen oli nyt tosiasia. Davisonin kammion yläpuolelta paljastui toinen samankaltainen kammio, jonka lattia koostui kahdeksasta noin 50 tonnisesta graniittikivijärkäleestä ja jonka katto oli arvatenkin jälleen seuraavan kammion lattia. Niinpä pian alettiin valmistella jo uusia räjäytyksiä. Yhteensä näitä graniittisia välikattoja ja niiden välisiä kammioita löytyi kuninkaan kammion yläpuolelta kaikkiaan viisi kappaletta. Vasta kuudes katto oli kalkkikiveä ja muodoltaan harjakatto. Pääsy ylimpään kerrokseen oli kestänyt Howard-Vyseltä noin 3,5 kuukautta. Mutta mikä oli näin monimutkaisen rakenteen tarkoitus? Aluksi viittä välikattoa selitettiin arkkitehdin pyrkimyksellä vähentää kuninkaan kammion tasakattoon kohdistuvaa rasitusta, mutta tämä olisi luonnollisesti hoitunut yhdenkin harjakaton avulla – kuten oltiin menetelty kuningattaren kammiossa. Mikään rakennustekninen seikka ei edellyttänyt viiden graniittisen välikaton ja kammion olemassaoloa. Niillä täytyi olla jokin muu tarkoitus.

Kolmen ylimmän kammion kivistä löydettiin pikaisesti sutaistuja hieroglyfimerkintöjä. Osa niistä oli seinässä ylösalaisin tai osittain graniittisen välikaton takana, joten ne tulkittiin pyramidin rakentaneiden työmiesten tekemiksi työmaamerkinnöiksi vailla sen syvällisempää merkitystä. Suurin osa hieroglyfeistä oli tehty punaisella maalilla. Howard-Vyse teki hieroglyfeistä jäljennökset ja lähetti ne Englannin kansallismuseoon egyptologi Samuel Birchin tutkittaviksi. Hänen tulkintansa mukaan kuviossa saatetaan mainita nimeltä joko kuningas Suphis, Shofo tai Khufu. Viimeisen tulkinnan kannattajat ovat katsoneet hieroglyfin viittaavan 4. dynastian faaraoon nimeltä Khufu (kreikaksi Kheops).

Howard-Vysen johtaman tutkimuksen ansioksi lasketaan myös sen seikan varmistaminen, että kuninkaan kammion etelä- ja pohjoissivuilta löydetyt ilmakanavat todella kulkivat halki koko pyramidin rakenteen aina ulos saakka. Tämä varmistui, kun eräs Howard-Vysen avustaja, Kairolaisen hotellin johtaja Mr. Hill, kiipesi ylös pyramidin etelä- ja pohjoissivua paikantaen kanavien ulostuloaukot ja räjäyttäen ne vapaaksi kivijätteestä. Varmistaakseen asian käytännössä, hänen kerrotaan pudottaneen kanavaan nyrkin kokoisen kiven, joka keräsi matkalla valtavan vauhdin ja osui miltei alhaalla kuulostellutta insinööri John Perringiä päähän. Kun kanavat saatiin avattua, alkoi pyramidin sisäilmanlaatu välittömästi parantua. Samalla pyramidin sisälämpötila ja kosteus asettuivat tasaisen miellyttäviksi.

Kun pyramidin pohjoissivun keskikohta saatiin raivattua puhtaaksi sitä peittäneestä yli kymmenen metriä korkeasta sora ja kivijätekerroksesta, paljastui pyramidin perustuksista kaksi alkuperäistä päällyskiveä alkuperäisiltä paikoiltaan. Nämä päällyskivet ja niiden kaltevuudet olivat niin täsmällisesti veistetty, että niiden avulla oli mahdollista määrittää Gizan Suuren pyramidin mittasuhteet varsin luotettavasti ja hyvin suurella tarkkuudella.

Tutkimuksissa varmistui, että koko pyramidin perusta lepäsi äärimmäisen tasaisen ja huolellisesti työstetyn kalkkikivilaatoituksen varassa. Howard-Vyse ei voinut lakata hämmästelemästä perustan laatoituksen ja sen yllä lepäävän päällyskivetyksen korkeaa laatua. Kivien liitoskohdat olivat niin tasaisia, että niitä tuskin voitiin havaita. Hänen mukaansa työn jälki oli niin korkealaatuista, virheetöntä ja täsmällistä, että se muistutti optisten instrumenttien valmistajien työn tarkkuutta valtavassa mittakaavassa. Päällyskivetyksen rakennustarkkuus oli kerta kaikkiaan vertaansa vailla.

Vuonna 1840 Howard-Vyse ja insinööri John Perring matkustivat takaisin Englantiin, jossa molemmat julkaisivat omien muistiinpanojensa pohjalta tarkat kuvaukset matkastaan ja havainnoistaan.

## 75. Gizan Suuri pyramidi ja maailman vanhin rautaesine

Suuren pyramidin kuninkaan kammioista lähtevien ja ulos johtavien kanavien avaaminen ja puhdistaminen kivijätteestä oli työläs prosessi, jota suoritettaessa ei juurikaan säästelty räjähdysaineita. Dynamiittiarkeologian arveluttavasta luonteesta huolimatta Howard-Vysen johtama tutkimusryhmä teki erään Gizan Suuren pyramidin hämmästyttävimmistä esinelöydöistä.

Toukokuun 26. päivänä 1837 Howard Vysen avustaja J. R. Hill oli raivaamassa eteläisen kuninkaankammion ulostuloaukkoa lähes 80 metrin korkeudessa pyramidin eteläisellä sivustalla, kun hän löysi pyramidin perusrakenteen muodostavan kivetyksen alta noin 26 senttimetriä pitkän ja 8,6 senttimetriä leveän litteän rautalevyn, joka painoi noin 750 grammaa ja jonka paksuus oli suurimmillaan noin 0,4 senttimetriä. Esine löytyi kahden uloimman kivikerroksen alta eteläisen kanavan suuaukon läheltä. Se sijaitsi niin syvällä pyramidin perusrakenteessa kivien alla, ettei se ollut voinut joutua sinne jälkikäteen, vaan sen täytyi olla peräisin jo pyramidin rakentamisen aikakaudelta. Rautalevy oli paikoin ruostunut ja ruostuneisiin kohtiin oli jäänyt painaumia pyramidin perusrakenteen muodostavien kalkkikivien nummuliittisistä kuvioista, mikä osoittaa rautalevyn olleen puristuksissa kivien välissä hyvin pitkiä aikoja. Nummuliittinen kalkkikivi on varsin yleistä Egyptin maaperässä. Se on kalkkikiveä, joka sisältää silminnähtävissä olevia pyöreitä fossiilimuodostumia.

Howard Vyse lähetti rautalevyn British Museumiin tarkempia tutkimuksia varten. Asiantuntijat perehtyivät näytteeseen huolellisesti ja totesivat rautalevyn olevan todennäköisimmin peräisin Suuren pyramidin rakentamisen aikakaudelta. Muun muassa erittäin tunnettu ja arvostettu arkeologi Flinders Petrie tutki rautalevyä vuonna 1881. Tutkimustensa perusteella hän lausui, ettei löydä yhtään järkevää perustetta epäillä, etteikö kyseessä olisi pyramidin rakentajien jälkeensä jättämä esine: *"No reasonable doubt can therefore exist about its being really a genuine piece used by the Pyramid masons"*. Erityiseksi tämän esinelöydön tekee sen sopimattomuus vallalla olevaan historialliseen viitekehykseen, jonka mukaan vastaavan tasoista rautaa kyettiin valmistamaan vasta vuosituhansia myöhemmin.

Vuonna 1903 H. R. Hall kirjoitti tutkielman rautalevystä, jossa hän totesi:

*" The fact that iron was known to, and used by, the Egyptians over 2,000 years before it came into use in Europe is very remarkable, and it is hard to square with current theories, but it is a fact."*

Suomennettuna:

*"Se tosiasia, että rauta tunnettiin ja että sitä myös käytettiin egyptiläisten toimesta jo yli 2 000 vuotta ennen kuin se tuli Euroopassa käyttöön on varsin huomionarvoista. Tätä on vaikea saada istumaan osaksi nykyisiä teorioita, mutta silti se on tosiasia."*

Työstetyn raudan löytyminen syvältä Suuren pyramidin rakenteesta on yksi monista Suuren pyramidin tutkimuksen myötä esiin nousseista selittämättömistä mysteereistä. Nykykäsityksen mukaan egyptiläiset oppivat työstämään rautaa vasta noin 1 300 eaa., joten pyramidin rautaesinelöytö on noin 1 500 vuotta aikaansa edellä.

Vuonna 1989 rautalevyn reunasta leikattiin parin gramman suuruinen pala moderneja laboratoriotutkimuksia varten. Tutkimuksissa paljastui, että rauta oli hyvin puhdasta. Sitä oli työstetty kuumentamalla ja takomalla, ja se koostui useista päällekkäin taitetuista kerroksista, mikä on tyypillistä asiantuntevalle raudan työstämiselle. Raudan kemiallinen tutkimus paljasti myös, että raudan kuumentamiseen oli käytetty hiiltä. Raudasta ei löytynyt nikkeliä, joka on tyypillistä meteoriittiraudalle. Niinpä raudan alkuperä oli todennäköisesti tavallisessa rautamalmissa – ei siis meteoriittiraudassa, kuten osa tutkijoista oli epäillyt. Raudasta ei myöskään löytynyt kuparia mikä puolestaan osoitti, ettei kyse ollut kuparin sulatuksen sivutuotteena syntyneestä raudasta, vaan rautaa valmistettiin raudan itsensä tähden. Rautalevyssä havaittiin myös pieniä kultajäämiä, jonka arveltiin tarkoittavan sitä, että levy saattoi olla alun perin päällystetty kullalla. Raportin lopuksi todettiin modernin metallurgisen tutkimuksen yhdessä arkeologisen tutkimusaineiston kanssa osoittaneen vahvasti sen, että kyseinen rautalevy oli valmistettu samoihin aikoihin Gizan Suuren pyramidin kanssa, ja että kyseessä oli todennäköisesti eräs maailman vanhimmista koskaan löydetyistä ihmisen valmistamista rautaesineistä.

Vuonna 1993 rautalevystä otettiin uusi pala ja se tutkittiin nyt uuden tutkimusryhmän toimesta. Tutkimus vahvisti edellisen tutkimuksen tulokset muilta osin oikeiksi, mutta tällä kertaa ei löydetty minkäänlaisia merkkejä kultajäämistä. Lisäksi tutkimusryhmä totesi, että esinelöytöä vastaava raudanvalmistustaito opittiin Arabiassa ja Euroopassa vasta keskiajalla – siis reilusti yli 3 000 vuotta Suuren pyramidin rakentamisen jälkeen. Raudan valmistus edellyttää erittäin korkeaa lämpötilaa, joka voidaan saavuttaa vain erikoisvalmisteisessa polttokammiossa hiiltä polttamalla siten, että samalla varmistetaan tasaisesti virtaavan happirikkaan ilmavirran puhallus tulipesään. Raportin mukaan raudan työstäminen edellyttää sellaista pitkälle kehittynyttä tietotaitoa, jota lähes 5 000 vuoden takaisilla egyptiläisillä ei nyky-ymmärryksen mukaan voinut olla olemassa.

# 76. John Taylor – pyramidiologian isä

John Taylor oli lontoolaisen kirjakauppiaan poika, London Observer -lehden toimittaja ja lahjakas harrastelijamatemaatikko ja astronomi. Vaikka hän ei eläessään astunut jalallaankaan Egyptin maaperälle, jätti hän silti lähtemättömän vaikutuksen pyramiditutkimuksen historiaan.

Howard-Vysen ja John Perringin julkaistessa muistiinpanonsa Egyptin matkaltaan, John Taylor oli jo noin 50-vuotias. Luettuaan Vysen ja Perringin teokset, hän vertasi tuoreita mittaustuloksia aikaisempien retkikuntien julkaisemiin mittaustuloksiin ja alkoi tutkia niiden pohjalta Suuren pyramidin matemaattista ja geometrista rakennetta. Taylor hämmästeli sitä, miksi pyramidiarkkitehti oli valinnut Suuren pyramidin nousukulmaksi nimenomaan 51,84 astetta huomattavasti loogisemman 60 asteisen säännöllisen suorakulmaisen kolmion geometrian sijaan. Luettuaan muun muassa Herodotuksen kuvauksia Suuren pyramidien tarkoin harkituista mittasuhteista, John Taylor tuli vakuuttuneeksi siitä, että pyramidin geometria oli toteutettu tarkoituksella juuri sellaiseksi kuin se oli. Suuri pyramidi oli ennen kaikkea matemaattisgeometrinen luomus, joka oli suunniteltu ilmentämään korkeampaa matemaattisgeometrista ymmärrystä.

John Taylor kykeni osoittamaan, että pyramidin korkeuden ja pohjaneliön piirin välinen suhde oli suurella tarkkuudella sama kuin ympyrän säteen ja kehän ympärysmitan välinen suhde. Gizan Suuren pyramidin geometria ilmensi toisin sanoen piin likiarvoa (3,141) hämmästyttävän suurella tarkkuudella. Vastaavaan piin likiarvon tarkkuuteen päästiin Euroopassa vasta keskiajalla. Ottaen huomioon, että kyseessä ei ollut mikä tahansa muinainen rakennus vaan nimenomaan itse Suuri pyramidi, joka ainoana antiikin seitsemästä ihmeestä oli säilynyt halki vuosituhansien aina nykyaikaan asti ja jonka mittasuhteisiin oli aina kerrottu kätketyn muinaisen korkeakulttuurin korkein matemaattisgeometrinen ymmärrys – kyse ei voinut olla vain sattumasta. Pyramidi oli aivan tarkoituksella suunniteltu ilmentämään ympyrän säteen ja ympyrän piirin välistä ajatonta suhdelukua π. Tämän lisäksi Taylor löysi Suuren pyramidin mittasuhteista myös yhteyden niin sanottuun kultaiseen suhdelukuun. Kaikki tämä oli kätketty pyramidin rakenteeseen niin tarkasti, että se tuntui lähes uskomattomalta. Silti se oli matemaattinen tosiasia. Taylor piti todennäköisenä myös sitä, että pyramidin rakentajan täytyi tuntea paitsi maapallon pyöreä muoto, myös sen tarkka ympärysmitta. Kaikki tämä oli Taylorin mukaan kätketty pyramidin mittasuhteisiin – ja kaikki se oli tehty tarkoituksella. Gizan Suuren pyramidin tarkoituksena oli säilyttää korkeaa matemaattishengellistä tietoa ja siirtää sitä tuleville sukupolville.

Uskonnollisena ihmisenä ja Raamatun kirjaimellisen tulkinnan kannattajana Taylor kuitenkin hylkäsi ajatuksen ihmiskunnan muinaisesta kultakaudesta ja sieltä peritystä korkeammasta matemaattisgeometrisesta tietotaidosta. Sen sijaan hän kehitti teorian, jonka mukaan pyramidin rakentajat eivät olleetkaan egyptiläisiä vaan juutalaisia, jotka toimivat jumalallisen innoituksen vallassa. Käsityksensä tueksi hän esitti muutamia Raamatun kohtia muun muassa Jesajan ja Jobin kirjoista. Lisäksi hän esitti myös, että pyramidin rakentajat olivat käyttäneet pituusyksikkönä pyramidituumaa, joka oli 1/25 Newtonin olettamasta "pyhästä kyynärästä" (noin 63,66 senttimetriä) jonka määrittämiseen oli Taylorin (ja Newtonin) mukaan käytetty maapallon sädettä (noin 6 366 metriä).

Vuonna 1859 John Taylor julkaisi teoksen The Great Pyramid: why was it built: & who built it. Tämä kirja käsitetään usein ensimmäiseksi pyramidiologiseksi teokseksi, minkä vuoksi John Taylor tituleerataan usein myös pyramidiologian isäksi. Pyramidiologiaan lasketaan kuuluvaksi puhtaan numerologisen ja metrologisen tutkimuksen lisäksi myös täysin pseudotieteellisiä suuntauksia, jotka ovat syntyneet tutkijoiden tarpeesta selittää pyramidien rakentamiseen ja geometriaan liittyviä selittämättömiä mysteerejä.

Taylorin kirja toimi suurena innoituksen lähteenä muun muassa Charles Piazzi Smythille, lahjakkaalle matemaatikolle ja astronomille, johon tutustumme tarkemmin seuraavassa kappaleessa.

# 77. Charles Piazzi Smyth ja Dixonin veljekset

Charles Piazzi Smyth syntyi Italian Napolissa vuonna 1819 brittiläisen laivaston päällikön poikana. Hänet nimettiin kuuluisan kummisetänsä, italialaisen astronomin Giuseppe Piazzin mukaan, joka oli noussut tiedemiespiireissä maailmanmaineeseen ensimmäisen asteroidin löytäjänä. Myös Charles Piazzi Smythistä tuli myöhemmin korkealle arvostettu luonnontieteilijä, joka teki lukuisia innovaatioita monilla eri tieteen aloilla.

Lähdettyään Italiasta hänen isänsä perusti observatorion Englannin Bedfordiin, jossa Piazzi Smyth oppi jo varhain astronomian perusteet. Myöhemmin hän oli merkittävässä roolissa muun muassa spektroskopian kehitystyössä, mistä ansiosta hänet nimettiin arvostetun brittiläisen tiedeakatemian Royal Society of Londonin sekä sen skotlantilaisen sisarjärjestön Royal Society of Edinburghin jäseneksi. Näiden kunniajäsenyyksien lisäksi hän oli myös Royal Astronomical Societyn ja Royal Society of Artsin jäsen. Vuonna 1846 hänet nimitettiin Edinburghin yliopiston astronomian professoriksi. Merkittävien tieteellisten saavutustensa lisäksi hänet tunnetaan myös laajoista tutkimuksistaan ja teorioistaan koskien Egyptin Suurta pyramidia.

Professori Smyth oli kiinnostunut Gizan Suuresta pyramidista nimenomaan matemaattisgeometrisenä luomuksena. Hän kävi tiivistä kirjeenvaihtoa John Taylorin kanssa vain vähän ennen tämän kuolemaa. Isaac Newtonin ja John Taylorin tavoin Smyth etsi pyramidista merkkejä pyramidin suunnittelijan korkeammasta matemaattisesta ymmärryksestä, mutta ennen kaikkea häntä kiinnosti pyramidin rakentamisessa käytettyyn mittayksikköön liittyvä mysteeri.

Alustavat tutkimukset olivat osoittaneet pyramidin pohjaneliön piirin ja korkeuden välisen suhteen ilmentävän hämmästyttävän tarkasti ympyrän geometriaa. Toisin sanoen: jos pyramidin korkeus käsitettiin ympyrän säteeksi, niin silloin pyramidin pohjaneliön sivujen yhteenlaskettu pituus vastasi tarkasti ympyrän kehän pituutta. Professori Smyth tiesi vastaavuuden olevan olemassa, mutta vielä toistaiseksi kukaan ei tiennyt tarkasti kuinka täsmällinen tuo vastaavuus olisi. Lisäksi professori Smyth oli kiinnostunut Newtonin ja Taylorin teorioista, joiden mukaan Gizan Suuri pyramidi oli suunniteltu kahta eri mittayksikköä käyttäen. Newtonin mukaan pyramidin perusmittasuhteet noudattivat tavanomaista kyynärää, jonka pituus oli noin 0,524 metriä, mutta tämän lisäksi käytössä olisi ollut myös niin sanottu pyhä kyynärä, jonka pituus oli johdettu maapallon säteestä ja oli siten noin 0,636 metriä. Smythin oman teorian mukaan myös brittien käyttämä tuuma ja lukemattomat muut mittajärjestelmät olivat alkujaan lähtöisin egyptiläisten pyramidirakentajien käyttämästä pyhästä kyynärästä. Gizan Suurta pyramidia Smyth piti juutalaisen kansan rakentamana jumalallisena luomuksena, jonka mittasuhteisiin ja käytäväjärjestelmiin kätkeytyi paljon korkeampaa salattua tietoa.

Gizan pyramidialueella tehdyt aikaisemmat tutkimukset eivät vielä kyenneet vakuuttamaan tutkijoita pyramidin tarkoista mittasuhteista, eivätkä pelkät likiarvot riittäneet Piazzi Smythille. Ainoa keino saada lopullinen vastaus moniin mieltä askarruttaviin kysymyksiin, oli matkustaa paikan päälle ja suorittaa tarvittavat mittaukset itse parasta mahdollista mittausteknologiaa hyväksi käyttäen. Smythin suureksi pettymykseksi Royal Society of London ei myöntänyt tutkimushankkeelle rahoitusta, vaan hän joutui rahoittamaan matkan omasta pussistaan.

Joulukuussa 1864 professori Charles Piazzi Smyth matkusti Egyptiin mukanaan monta laatikollista moderneja tarkkuusmittalaitteita. Paikan päälle Gizaan Smyth saapui vaimoineen tammikuussa 1865. He asettuivat taloksi siihen samaan viileään kalliohautaan, jota jo Howard-Vyse oli käyttänyt tukikohtanaan Gizan helteisellä tasangolla työskennellessään liki kolme vuosikymmentä aiemmin.

Ensimmäisen päivän iltana Smyth seurasi vaimonsa kanssa kauhistellen, kuinka lepakkoparvi toisensa perään lensi ulos pyramidin käytäväjärjestelmästä keskeytyksettä lähes kahdenkymmenen minuutin ajan. Pyramidi oli täysin lepakoiden valtaama. Ensi töikseen hän käski työmiestensä puhdistaa ja pestä kaikki pyramidin keskeisimmät käytävät ja kammiot. Vasta kun pyramidi oli kunnolla puhdistettu, saattoi Piazzi Smyth aloittaa tutkimuksensa.

Viikko toisensa jälkeen Smyth mittasi ja jälleen uudelleenmittasi kaikkea mitä suinkin vain kykeni. Hänellä oli mukanaan myös valokuvauskamera, jolla hän kuvasi pyramidia samalla tieteellisellä systemaattisuudella, jolla hän sitä mittasi. Aivan kaikkialle hän ei kameroineen ja mittalaitteineen kuitenkaan päässyt. Smythin yllätykseksi pääsy pyramidin maanalaiseen kammioon oli jälleen tukittu, vaikka

Giovanni Caviglia oli avannut pääsyn uudestaan vain muutama vuosikymmen aikaisemmin. Kysyessään paikallisilta asukkailta syytä käytävän tukkimiselle, hänelle vastattiin sen tapahtuneen paikallisten pyramidioppaiden yhteispäätöksestä. Turistivirta pyramideille oli näet kiihtynyt viime aikoina kovasti. Ja koska jokainen turisti tahtoi vierailla maanalaisen kammion lisäksi myös pyramidin ylemmissä kammioissa, maksoi kaikki tuo edestakaisin kuljeskelu yksinkertaisesti aivan liian paljon pyramidioppaiden aikaa ja kynttilärasvaa. Niinpä pääsy pyramidin maanalaiseen osaan tukittiin tarkoituksella ja turistit ohjattiin maanalaisen tunnelin sijasta suoraan kohti nousevaa käytävää ja suurta salia.

Ennen kotiin paluutaan Smyth kaivautti vielä pyramidin pohjoiskulmat esiin tarkistaakseen mittaukset, joita ranskalaiset olivat tehneet vuosikymmeniä aiemmin. Tässä tehtävässä hän sai apua kahdelta skotlantilaiselta rautatieinsinööriltä, Waynman ja John Dixonilta, jotka olivat veljeksiä ja työskentelivät samaan aikaan Kairossa. Yhteisvoimin he suorittivat mittauksia ja yhdessä he myös hämmästelivät pyramidin kulmakivien istukoiden sekä pyramidin alla olevan laatoituksen saumattomuutta ja tasaisuutta.

Smyth palasi takaisin Britanniaan noin neljä kuukautta kestäneen tutkimusmatkansa jälkeen. Mukanaan hänellä oli ennen näkemätön määrä mittauksia, laskelmia ja kuvia Suuresta pyramidista sekä sisältä että ulkoa, joita hän julkaisi myöhemmin lukuisissa kirjoissaan. Niissä hän väitti Gizan suuren pyramidin mittausten osoittaneen, että sen rakentajilla oli ollut käytössä mittayksikkö, pyramidituuma, joka oli yhtä suuri kuin 1,001 brittiläistä tuumaa (2,54254 cm), ja joka oli johdettu pyhästä kyynärästä, joka oli 25 pyramidi-tuumaa ja samalla suunnilleen 1/10 000 000 maapallon pyörimis-akselin pituudesta (noin 0,635635 metriä).

Kaikki eivät suinkaan arvostaneet Smythin teorioita, mutta niiden ohella hän teki Gizassa myös paljon aidosti arvokasta työtä. Hän oli mitannut Suuren pyramidin tarkemmin ja perusteellisemmin kuin kukaan tutkija sitä ennen. Hän myös ensimmäisenä valokuvasi sen sisällä olevia kammioita ja käytäviä. Smyth sai aikaan monia piirustuksia ja laskelmia, jotka hän kokosi kirjoihinsa Our Inheritance in the Great Pyramid ja On the Antiquity of Intellectual Man (1868) sekä kolmiosaiseen kirjasarjaansa Life and Work at the Great Pyramid (1867). Kiitollisuuden osoituksena pyramiditutkimuksen edistämisestä Royal Society of Edinburgh myönsi Smythille kultaisen ansiomitalin.

Dixonin veljekset sen sijaan jäivät Kairoon ja jatkoivat itsenäisiä tutkimuksiaan vielä vuosien ajan. Waynman Dixon oli erityisen kiinnostunut kuninkaan kammion pohjois- ja eteläseiniltä lähtevistä ilmastointikanavista ja ihmetteli miksei kuningattaren kammiosta löytynyt samanlaisia. Toisin kuin kuninkaan kammiossa, jossa kanavat ovat aina olleet auki ja selvästi kaikkien nähtävillä – kuningattaren kammiossa kanavat olivat taitavasti kätketty päällyskivetyksen taakse. Ne löytyivät vasta vuonna 1872, kun Waynman Dixon lähti niitä tarkoituksella etsimään. Hän löysi kuningattaren kammion eteläseinän kivetyksestä pienen halkeaman juuri siltä kohtaa, jossa arveli kanavan saattavan sijaita. Luodattuaan halkeamaa ensin rautalangan avulla hän tuli vakuuttuneeksi siitä, että seinän takana oli runsaasti tyhjää tilaa; todennäköisesti täsmälleen samanlainen kanava kuin kuninkaan kammiossa. Waynman Dixon kutsui paikalle timpurinsa, joka nopeasti talttaa ja vasaraa hyväksi käyttäen puhkaisi ensin eteläisen ja sitten pohjoisen seinän kanavat näkyville.

Kuningattaren kammion kanavat alkoivat vaakatasossa, mutta kääntyivät jo parin metrin jälkeen yli 40 asteen kulmassa ylöspäin – aivan kuten vastinparinsa kuninkaan kammiossa. Mutta toisin kuin kuninkaan kammiosta alkaneille kanaville, kuningattaren kammion kanaville ei löytynyt ulostuloja pyramidin ulkopuolelta. Käytävät siis päättyivät jonnekin pyramidin rakenteisiin, mutta minne tarkalleen ottaen? Waynman Dixon yritti selvittää arvoitusta luotaamalla kanavia erilaisten rautatankojen avustuksella. Niiden avulla hän kykeni varmistumaan siitä, etteivät kanavat päättyneet ainakaan aivan heti ensimmäisen mutkan jälkeen, vaan jatkuivat vielä useita metrejä niiden jälkeenkin. Tähän kammiokanavien tutkimus sitten jäikin jopa yli sadaksi vuodeksi. Lisää tietoa aiheesta saatiin vasta 1990-luvulla, jolloin kammiokanavia ryhdyttiin tutkimaan järjestelmällisesti erityisesti niitä varten suunniteltujen mönkijärobottien avulla. Palaamme aiheeseen tarkemmin aihetta erikseen käsittelevässä kappaleessa: Suuren pyramidin kammiokanavat.

# 78. Flinders Petrie

1820-luvulla tuli kuluneeksi tasan tuhat vuotta siitä, kun Al Mamun ensimmäisenä ihmisenä sitten pyramidin rakentajien pääsi laskevaa käytävää pidemmälle Gizan Suuren pyramidin käytäväjärjestelmään. Tämä tapahtui siis 820-luvulla – arabialaisen renessanssin kultakaudella. Sen jälkeen kului vielä yli puoli vuosituhatta ennen kuin renessanssin toinen aalto käynnistyi kunnolla Euroopassa. Sitä mukaa kun renessanssi heräsi Euroopassa, heräsi myös eurooppalaisten kiinnostus Egyptin pyramideja kohtaan. 1600-luvulta alkaen monet eurooppalaisen tiedemaailman eturivin edustajat antoivat oman panoksensa Gizan pyramidialueen tutkimukselle. Silti 1800-luvulle tultaessa kukaan ei ollut vielä suorittanut alueen järjestelmällistä mittaus- ja kartoitustyötä.

Englantilainen maanmittausinsinööri William Petrie oli seurannut Suuren pyramidin vaiheilla vellonutta keskustelua jo pitkään. Hän oli harmitellut Gizan pyramidialueella käyneiden tutkimusretkikuntien toisistaan poikkeavia mittaustuloksia sekä niistä poikinutta väittelyä. William Petrie oli päättänyt toteuttaa alueella niin perusteellisen mittauksen, ettei tutkijoiden tarvitsisi enää sen jälkeen spekuloida mittausten virhemarginaaleilla, vaan he voisivat keskittyä yksinomaan tulosten analysointiin. Tarkoitusta varten hän päätti suunnitella ja rakentaa itse kaikki tarvittavat mittalaitteet.

1880-luvulle saavuttaessa William Petrie oli kehitellyt mittalaitteistoaan jo yli kaksikymmentä vuotta. Sillä välin hänen lahjakas poikansa, Flinders Petrie, oli kasvanut jo aikamieheksi. Isänsä ohjauksessa hänestä tuli taitava maanmittaaja jo varsin nuorella iällä. Flinders Petrie osoitti nuoresta pitäen kiinnostusta arkeologiaa, matematiikkaa ja geometriaa kohtaan. Hän luki paljon ja oli tutustunut jo varhain erilaisiin mittajärjestelmiin ja niiden historioihin. Hän myös matkusteli laajalti ympäri Englantia tutkien vanhoja pyhiä paikkoja kuten muinaisia kivikehiä ja vanhoja kirkkoja sekä niiden arkkitehtuuria ja mittoja. Flinders Petrie kertoi syntyneensä arkeologiksi ja olleen arkeologi koko ikänsä. Hänen ensimmäinen varsinainen tutkimuksensa käsitteli Stonehengeä, Englannin Wiltshiressa sijaitsevaa megaliiteistä koostuvaa pronssikautista kivikehää, ja sen rakentamisessa käytettyä mittajärjestelmää. Tästä tutkimuksesta tuli myöhemmin Stonehengen tutkimuksen perusteos.

Luettuaan kolmetoistavuotiaana Piazzi Smythin Gizan Suurta pyramidia käsittelevän tutkielman, Flinders Petrie tuli vakuuttuneeksi siitä, että jos jokin kohde maailmassa ansaitsi tulla perusteellisesti tutkituksi ja mitatuksi, niin se olisi ehdottomasti Gizan pyramidialue. Häntä ja hänen isäänsä kiehtoi selvittää mitä kaikkia ajattomia hengenaarteita Gizan Suuren pyramidin suunnittelija oli pyramidinsa arkkitehtuuriin kätkenyt.

Marraskuussa 1880 26-vuotias Flinders Petrie, lähti laivalla kohti Egyptiä mukanaan monta laatikkoa isänsä huolella suunnittelemia ja valmistamia mittalaitteita. Isä, jonka oli alun perin pitänyt lähteä matkalle, koki poikansa jo itseään taitavammaksi ja itsensä liian vanhaksi pitkälle ja vaivalloiselle matkalle. Niinpä hän katsoi parhaaksi jäädä kotiin.

Saavuttuaan pyramideille joulukuussa 1880, Petrie päätti noudattaa asuinpaikan valinnassa perinteitä. Niinpä hän asettui asumaan siihen samaan kalliohautaan, jota jo Giovanni Caviglia, Howard-Vyse ja Piazzi Smyth olivat käyttäneet tukikohtanaan ennen häntä.

Flinders Petrien ensisijaisena tavoitteena oli mahdollisimman tarkan kolmiomittauksen toteuttaminen Gizan pyramidialueella. Hän perusti alueelle noin viisikymmentä eri mittausasemaa, joilta käsin hän suoritti äärimmäisen pikkutarkkoja mittauksia ja mittausten tarkistusmittauksia niin, että yhden aseman mittausrutiinin läpivieminen kesti tyypillisesti yhden kokonaisen päivän. Työn säntillisyys näkyi myös lopputuloksessa. Mittausvirhe oli enimmilläänkin vain noin tuuman neljäsosan luokkaa – valtaosassa tapauksia vielä huomattavasti tätäkin vähemmän. Petrie hämmästeli suuresti Gizan pyramidialueen rakentajien rakennustarkkuutta, jonka hän katsoi ylittävän kirkkaasti modernin rakennustarkkuuden.

Pyramidin sisäosien mittaukseen hän käytti isänsä valmistelemaa huipputarkkaa välineistöä, joka ylsi keskimäärin noin sadasosatuuman tarkkuuteen. Ennen mittausten aloittamista hän pesetytti kaikki pyramidin pääkammiot lepakoiden jätöksistä. Lisäksi hän palkkasi paikallista työväkeä avaamaan laskevan käytävän kivijätteestä mahdollistaakseen mittaukset myös maanalaisessa kammiossa. Sisäosien tutkimusta hankaloitti kuumuus ja huono ilmanlaatu, mikä oli seurausta kuninkaan kammiosta ulos johtavien kanavien uudelleentukkeutumisesta.

Mittaustulokset paljastivat laskevan käytävän olevan lähes viivasuora. Virhettä käytävän ensimmäisen viidenkymmenen metrin matkalla oli ainoastaan viisi millimetriä, ja koko 105 metrin matkallakin vain noin 63 millimetriä. Lisäksi pyramidi oli suunnattu lähes täydellisesti pääilmansuuntien mukaan. Laskeva käytävä osoitti suoraan kohti taivaannapaa ja Pohjantähteä. Tosin pyramidin rakentamisen aikoihin taivaannavan kiintotähtenä ei ollut Pohjantähti, vaan Lohikäärmeen tähdistön Draco.

Mittaukset pyramidin sisäosissa vahvistivat ja tukivat Petrien käsitystä siitä, että pyramidin suunnittelija oli varsin tietoinen korkeammasta matematiikasta, sillä pyramidi ilmaisi sitä toistuvasti kaikissa mittasuhteissaan. Esimerkiksi kuninkaan kammion geometria ilmensi yhtaikaa sekä suorakulmaisen 3,4,5-kolmion geometriaa, mutta samalla myös 2, $\sqrt{5}$, 3-kolmion geometriaa. Pyramidissa oli niin huolella viimeisteltyjä huoneita ja tiloja, ettei niiden ilmentämä täsmällisyys ja tarkkuus ollut lainkaan selitettävissä yli 4 500 vuoden takaisin työkaluin ja menetelmin. Esimerkiksi Suuren pyramidin sarkofagia tutkiessaan Petrie totesi, ettei sileiden reunojen työstäminen graniittikiveen onnistunut ilman pitkälaippaisen ja timanttihampaisen kivisahan käyttöä. Sarkofagin ontoksi kovertamiseen tarvittiin puolestaan timanttiporaa, johon tuli kohdistaa vähintään kahden tonnin paine. Jonkin tuntemattoman teknologian keinoin muinaiset egyptiläiset kykenivät kuitenkin työstämään jopa dioriitin kaltaista äärimmäisen kovaa kivilajia yhtä helposti kuin savea. He valmistivat dioriitista patsaita, kaiversivat dioriittiin erittäin hienoja hieroglyfejä sekä valmistivat dioriittikivistä kasapäin paperinohuita kulhoja ja kuppeja. Vielä nykypäivänäkään emme tiedä kuinka tähän kaikkeen on pystytty vuosituhansien takaisen teknologian keinoin. Petrien sanoin: ”*...their fine work shows the marks of such tools as we have only now reinvented.*” Käännettynä: ”*...työn hieno laatu osoittaa merkkejä sellaisten työkalujen käytöstä, joita olemme vasta hiljattain alkaneet keksiä uudelleen.*”

Pyramidin ulkopuolella Petrie pyrki löytämään lisää pyramidin päällyskiviä alkuperäisiltä paikoiltaan useiden metrien paksuisen sorakerroksen alta. Tätä tarkoitusta varten hän palkkasi jälleen lisää paikallista työväkeä. Kaivaminen oli vaativaa ja toisinaan jopa vaarallista, sillä kaivannon reunoille nostetulla kivijätteellä oli taipumus vyöryä takaisin alas kaivannon pohjalle. Lopulta Petrie kuitenkin onnistui tavoitteessaan. Hän löysi alkuperäisiä päällyskiviä alkuperäisiltä paikoiltaan täysin ehjinä ja koskemattomina. Kukin päällyskivi painoi noin viisitoista tonnia. Ne olivat niin suuria, niin taidokkaasti viimeisteltyjä ja niin saumattomasti toistensa viereen aseteltuja, että tuntui lähes mahdottomalta uskoa niiden olevan peräisin ajalta ennen modernia teknologiaa.

Petrie mittasi päällyskivien välisten saumojen keskimääräiseksi paksuudeksi vain noin 0,5 millimetriä, mikä vastaa suurin piirtein ihmiskynnen paksuutta. Joka ikinen kivien välinen liitos oli tehty samalla tarkkuudella. Nykyaikana tiedämme, että tällaisen työn tarkkuuden saavuttaminen käsityönä on käytännössä täysin mahdotonta. Sellaiseen pystytään vain pitkälle kehittyneessä teollisessa tuotannossa. Laastikerros, joilla päällyskivet olivat toisiinsa sidotut, oli niin ohutta mutta silti niin kestävää, että kivet tuntuivat antavan helpommin periksi kuin itse laasti, jolla ne olivat toisiinsa sidotut. Päällyskivet oli aseteltu vieritysten siten, että yhdessä ne muodostivat suoran linjan, joka poikkesi vain noin kolme senttimetriä absoluuttisen suorasta linjasta koko 230 metrin matkalla.

Petrie onnistui paljastamaan myös erään hienovaraisen piirteen pyramidin rakenteesta, jonka taiteilijat olivat ikuistaneet tauluihinsa jo 1600-luvulta lähtien, mutta jonka selkeä havaitseminen mahdollistui kunnolla vasta lentokoneiden ja satelliittikuvien aikakaudella. Petrie näet huomasi, että vaikka pyramidin alin kivikerros muodostikin lähes täydellisen symmetrisen neliön, olivat sitä ylemmät kivikerrokset kuitenkin rakennettu tarkoituksellisesti pyramidin julkisivun keskikohtaa eli apoteemaa kohti hivenen kallistuviksi. Pyramidin jokainen julkisivu kallistui symmetrisesti sisäänpäin kohti julkisivun keskikohtaa noin kahdeksan senttimetriä jokaista kymmentä metriä kohden siten, että kallistuksen syvyys julkisivun keskikohdassa oli noin 94 senttimetriä. Tämä arkkitehtoninen yksityiskohta löytyy pyramidin jokaiselta sivulta ja on täysin tarkoituksellisesti suunniteltu ja toteutettu. Ilmiö on kuitenkin niin hienovarainen, että se on hädin tuskin silmin havaittavissa. Oikeassa valossa ja riittävän korkealta ilmasta käsin tarkasteltuna piirteet kuitenkin erottuvat selvemmin.

Lopputuloksen kauneus tuli laajan yleisön tietoisuuteen sattumalta, kun Brittiläisten ilmavoimien lentäjä P. R. C. Groves lensi Gizan pyramidialueen yli vähän ennen auringon laskua vuonna 1940. Suoraan lännestä paistavan auringon säteet saivat tämän arkkitehtonisen erityispiirteen piirtymään esiin pitkin pyramidin julkisivun keskilinjaa niin selvästi, että Groves päätti napata ilmiöstä valokuvan. Kuvassa apoteema piirtyy esiin ikään kuin se olisi viivoittimella vedetty. Nykyisin tämä piirre on todettavissa myös satelliittikuvista. Muissa todellisissa pyramideissa vastaavaa ilmiötä ei olla havaittu.

Petrie arvioi Suuren pyramidin sisältävän noin 2,3 miljoonaa kiveä keskimääräiseltä painoltaan noin 2 500 kilogrammaa ja keskimääräisiltä mitoiltaan noin 127 cm x 127 cm x 71,12 cm. Hän vahvisti oikeaksi Isaac Newtonin tekemän arvion pyramidikyynärän pituudesta (noin 20,63 tuumaa eli noin 0,524 metriä), mutta kielsi pyhän kyynärän olemassaolon (noin 25,025 tuumaa eli noin 0,6356 metriä) näytön puutteen vuoksi. Näin myös väitteet pyramidituuman olemassaolosta osoittautuivat paikkansapitämättömiksi. Samalla hän tuli katkaisseeksi siivet John Taylorin ja Piazzi Smythin lennokkaimmilta teorioilta. Petrien ansioksi lasketaan myös pyramidin korkeuden ja pohjaneliön pituuden ilmaiseminen luvuilla 280/440 kyynärää. Yleisesti ottaen Flinders Petrie arvioi Gizan Suuren pyramidin ilmentävän korkeampaa matemaattisgeometrista ymmärrystä niin täsmällisesti ja systemaattisesti, että katsoi sen olleen tarkoituksellista: "*but these relations of areas and of circular ratio are so systematic that we should grant that they were in the builder's design*".

Flinders Petrie työskenteli alueella vuosina 1880-82 ja julkaisi tutkimuksensa vuonna 1883 nimellä: The Pyramids and Temples of Gizeh. Teos saavutti laajaa arvostusta tiedemiespiireissä, minkä ansiosta hänet aateloitiin ja nimitettiin yliopiston dekaaniksi. Petrien mittaustulokset ovat kestäneet hyvin aikaa ja hänen töitään luetaan ja niihin viitataan yhä edelleen laajasti. Hänen työmenetelmänsä järjestelmällisyys ja pikkutarkkuus toimivat esimerkkinä ja loivat perustan ja suuntaviivat nykyaikaiselle tieteelliselle arkeologialle. Nykyaikana Flinders Petrie tunnustetaan yleisesti modernin tieteellisen arkeologian isähahmoksi. Vuonna 1892 hänestä tuli Lontoon University Collegen egyptologian professori, jota virkaa hän hoiti yhtämittaisesti yli neljäkymmentä vuotta aina vuoteen 1933 asti.

# 79. Suuren pyramidin tutkimus 1900- ja 2000-luvuilla

Vuonna 1925 Saksan arkeologinen instituutti sai Egyptin hallituksen luvalla ja myötävaikutuksella viimein kaivaa pyramidin kokonaan esiin perustuksiaan myöten. Kun Gizan Suuri pyramidi oli vihdoin vapautunut vuosituhannet sen sivuja peittäneestä hiekka- ja kivikerroksesta, sai insinööri J. H. Cole tehtäväkseen suorittaa alueella läpikotaisen mittaus- ja tutkimustyön. Raportti julkaistiin nimellä: Determination of the Exact Size and Orientation of the Great Pyramid of Giza. Tutkimuksessa paljastui, että Suuren pyramidin pohjaneliön piirin perusta oli laskettu lähes käsittämättömän suurella tarkkuudella tasoitetun peruskallion ja sen päälle lasketun kivilaatoituksen varaan.

Mittauksessa pyramidin pohjaneliön piirin perusta paljastui lähes absoluuttisen tasaiseksi. Poikkeama keskiarvosta on ainoastaan noin viisitoista millimetriä. Toisin sanoen: pyramidin pohjaneliön muodostuu piiriltään yli 920 metriä pitkästä kalkkikivilaatoituksesta, jonka tasaisuus eroaa koko matkalla absoluuttisen tasaisesta vain sormen paksuuden verran. Pyramidin sivut puolestaan on asemoitu pääilmansuuntien mukaan noin viiden sadasosaasteen tarkkuudella (3/60°). Vastaavan tarkkuuden saavuttaminen edellyttää mittavia esivalmistelua jopa nykyaikaista tarkkuusteknologiaa hyödyntäviltä rakennusinsinööreiltä. Pyramidin pohjaneliö on geometriselta muodoltaan lähes virheetön. Sen kulmien keskimääräinen virhe on ainoastaan noin 12 kaarisekuntia, mikä vastaa noin 0,003 astetta. Muinaiset rakentajat olivat onnistuneet käytännössä kaikessa mihin olivat ryhtyneet.

Colen mittauksissa pyramidin sivujen pituuksiksi varmistui 230,253 m, 230,454 m, 230,391 m ja 230,357 m. Lyhyimmän ja pisimmän sivun pituusero on siis noin 20 senttimetriä ja keskimääräinen virhe noin 5,9 senttimetriä. Pyramidin sivujen keskipituus on näin ollen 230,36375 metriä. Flinders Petrien mukaan Gizan 1. pyramidin korkeus ja pohjaneliön leveys ilmentävät suhdetta 280/440 kyynärää. Mikäli käytämme pyramidin sivujen keskipituutta kyynärän pituuden määrittämiseen, vastaa 440 kyynärää tällöin 230,3635 metriä, jolloin yhden kyynärän täsmälliseksi pituudeksi tulee noin 0,5236 metriä. Tulos vastaa täydellisesti pyramidin kuninkaan kammiosta saatua laskennallista kyynärän pituutta. Pyramidin korkeudeksi saadaan tällöin 280 x 0,5236 = 146,6 metriä.

Vuonna 2014 Christopher Bartlett julkaisi arkkitehtuuriin ja matematiikkaan keskittyneessä Nexus Network Journal -julkaisussa artikkelin nimeltä The Design of The Great Pyramid of Khufu. Tutkimuksessaan Bartlett tahtoi saada selvyyden läpi vuosisatojen velloneisiin väitteisiin, joiden mukaan Gizan Suuren pyramidin geometria ilmensi joko piin likiarvoa, kultaista suhdelukua tai niitä molempia. Lopullisen vastauksen saaminen on vuosisatojen varrella ollut kuitenkin ongelmallista johtuen muun muassa pyramidin perustukset peittäneestä hiekka- ja kivikerroksesta, pyramidin valtavasta koosta ja ihmisen siihen kohdistamasta eroosiosta. Tästä huolimatta pyramidin alkuperäiset mittasuhteet ovat kuitenkin hyvin suurella tarkkuudella johdettavissa muun muassa pyramidin juurelta löytyneiden alkuperäisten kulmakivien ja päällyskivien sijaintien perusteella sekä niiden muotoa ja asemointia tutkimalla. Näiden mittausten perusteella pyramidin alkuperäiset mitat on kyetty määrittämään varsin tarkasti samalla kun mittasuhteiden virhemarginaali on saatu kavennettua suhteellisen pieneksi.

Selvittääkseen pyramidin todennäköisimmät mittasuhteet Bartlett päätti kerätä kaikki keskeisimmät Gizan Suurta pyramidia käsittelevät mittaustulokset yhteen vuosien 1840-2012 väliseltä ajalta laskeakseen niiden pohjalta keskiarvot pyramidin korkeudelle ja sivun pituudelle.

Bartlettin aineisto käsitti kaikkiaan 21 tutkimusta, joista hän ensin keskittyi kolmen yleisesti arvostetuimman ja luotettavimman tutkijan ja tutkimuksiin 1900-luvulta: Cole (1925), Dorner (1981) ja Lehner (1997). Näiden tutkimusten tuottama keskiarvo Suuren pyramidin korkeudelle on 146,515 metriä ja pyramidin pohjaneliön sivun pituudelle 230,363 metriä. Näillä arvoilla laskettuna pyramidin apoteeman pituudeksi saadaan 186,368 metriä. Nämä arvot muodostavat suorakulmaisen kolmion, jonka korkeuskateetin pituus on 146,515 metriä, leveyskateetin pituus 115,182 metriä ja hypotenuusan pituus 186,369 metriä. Jos miellämme leveyskateetin pyramidin yksikkösivuksi, silloin pyramidin korkeus saa arvon 1,272 ja hypotenuusa arvon 1,618, kuten alla olevasta kuvasta voimme havaita. Tulokset ovat täydellisesti linjassa kultaisen suhdeluvun likiarvon ($\varphi$ = 1,6180339887...) ja sen neliöjuuren likiarvon ($\sqrt{\varphi}$ = 1,272019649) kanssa.

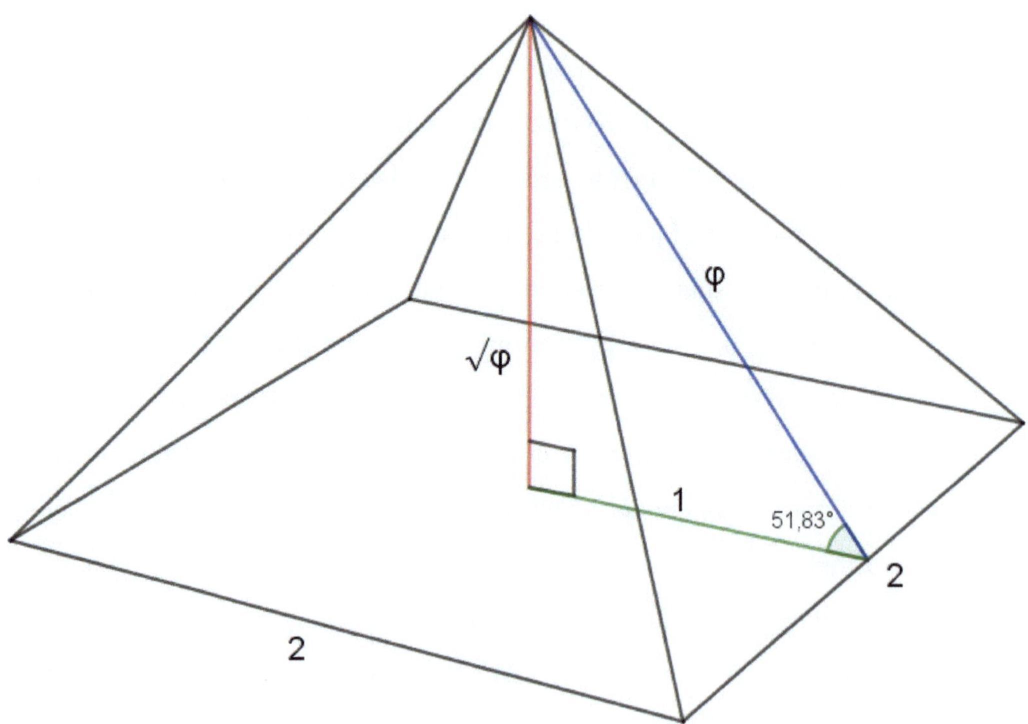


*Jos miellämme suorakulmaisen kolmion vaakakateetin pyramidin yksikkösivuksi (1),*
*silloin pyramidin korkeus saa arvon √φ (1,272) ja hypotenuusa arvon φ (1,618).*
*Pyramidin sivupoikkileikkaus nousee kulmassa 51,83°.*

Tämän jälkeen Bartlett selvitti kuinka hyvin pyramidin korkeuden ja pohjaneliön piirin pituuden suhde ilmentää ympyrän geometriaa ($2\pi = 6{,}283185307\ldots$). Vastaus saadaan yksinkertaisen laskutoimituksen avulla:

$$\frac{230{,}363 \ m \ x \ 4}{146{,}515 \ m} = 6{,}2891$$

Vastaus on likimäärin oikein, joskaan ei aivan niin tarkka kuin vastaavilla arvoilla saatu kultaisen suhdeluvun likiarvo.

Tämän jälkeen Bartlett teki vastaavanlaisen yhteenvedon kaikista edellä mainituista 21 tutkimuksesta vuosien 1840-2012 väliseltä ajalta. Suuren pyramidin korkeuden keskiarvoksi hän sai 146,726 metriä ja pohjaneliön sivun pituuden keskiarvoksi 230,478 metriä. Näillä arvoilla pyramidin apoteema pituudeksi tulee: 186,570 metriä. Jos miellämme leveyskateetin (230,478 m / 2 = 115,239 m) pyramidin yksikkösivuksi, myös silloin apoteeman ja leveyskateetin suhde 1,618987 on hyvin lähellä kultaista suhdelukua φ.

Vastaavasti jos käytämme näitä arvoja pyramidin korkeuden ja pohjaneliön piirin keskinäisen suhteen määrittelyyn, saamme suhdeluvuksi:

$$\frac{230{,}478\ m\ x\ 4}{146{,}726\ m} = 6{,}28322$$

Tällä kertaa pyramidin pohjaneliön piirin suhde pyramidin korkeuteen ilmentää äärimmäisen tarkasti luvun $2\pi$:n likiarvoa: 6,283185307.

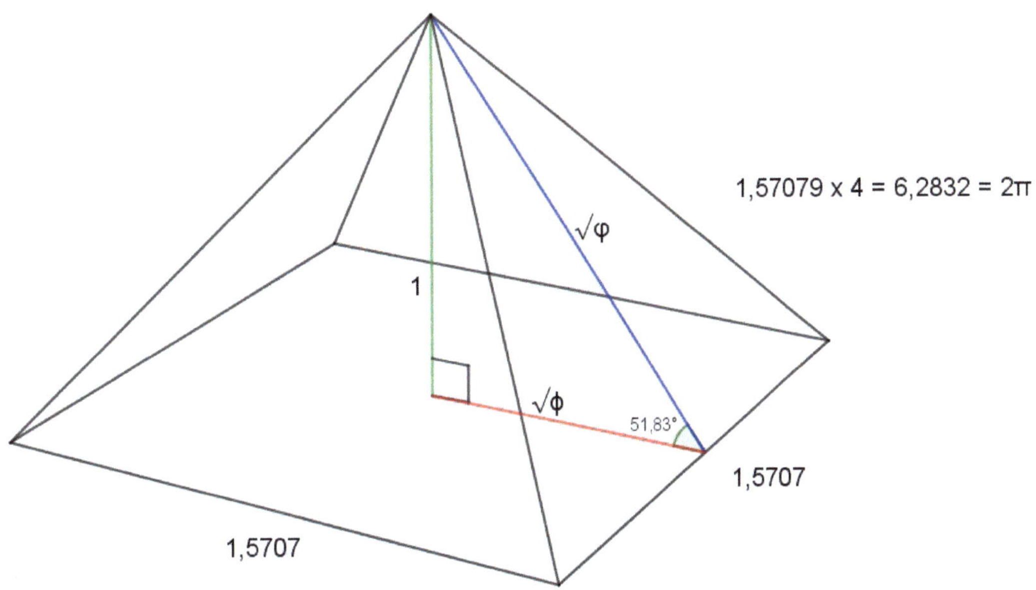


*Jos miellämme suorakulmaisen kolmion korkeuskateetin pyramidin yksikkösivuksi (1), silloin pyramidin pohjaneliön sivun pituus on (1,5707) ja pohjaneliön piiri 6,2832, mikä vastaa hyvin tarkasti luvun 2π:n likiarvoa. Pyramidin sivupoikkileikkaus nousee kulmassa 51,83°.*

Yhteenvetona voimme siis todeta, ettei Gizan Suuri pyramidi ilmennä yksipuolisesti sen enempää ympyrän geometriaa kuin kultaista suhdelukuakaan, vaan yhtä aikaa niitä molempia. Riippuen siitä mitä mittaustuloksia käytämme, saamme lopputulokseksi joko ympyrän geometriaa tai kultaista suhdelukua myötäilevän lopputuloksen.

Perehdymme todellisten pyramidien ilmentämään matematiikkaan ja geometriaan tarkemmin kirjasarjan toisessa osassa.

# 80. Myoni-ilmaisimet ja moderni pyramiditutkimus

Vuonna 1968 yhdysvaltalainen fyysikko Luis Walter Alvarez sai fysiikan Nobel palkinnon alkeishiukkasten havainnointiin tarkoitetun kuplakammion kehittämisestä. Kuplakammion avulla voitiin tarkastella hiukkaskiihdyttimessä syntyviä hyvin lyhytikäisiä alkeishiukkasia, mikä oli ratkaiseva edistysaskel hiukkasfysiikan tutkimukselle. Mutta alkeishiukkasia voitiin käyttää myös muihin tarkoituksiin – kuten ennestään tuntemattomien onkaloiden paikantamiseen paksujen kivi- tai maakerrosten sisältä.

Myös Luis Alvarez – kuten niin monet tieteen eturintaman tutkijoista halki ihmiskunnan historian – oli kiinnostunut todellisten pyramidien mysteeristä. Niinpä hän sai idean tutkia Egyptin pyramideja myoni-ilmaisimien avulla. Myonit ovat yläilmakehässä syntyviä kosmisen säteilyn ja ilmamolekyylien välisen törmäyksen tuottamia alkeishiukkasia, jotka pystyvät tunkeutumaan maapallon maaperään jopa useiden satojen metrien matkan. Ominaisuuksiensa ansiosta niitä voidaan hyödyntää suurten kivimassojen läpivalaisuun röntgensäteiden tavoin.

Ensimmäiseksi kohteekseen Luis Alvarez valitsi Gizan Suuren pyramidin viereisen pyramidin sen sisältämän kammion optimaalisen sijainnin vuoksi. Toisen pyramidin kammio näet sijaitsi keskellä pyramidin perusrakennetta suurin piirtein maan pinnan tasolla, minkä vuoksi se tarjosi ihanteellisen sijainnin myoni-ilmaisimelle. Tämä niin sanottu Khafren pyramidi oli täydellinen tutkimuskohde myös sen vuoksi, ettei sen sisältä oltu koskaan löydetty muuta kuin vain yksi vaatimaton kammio. Tutkijat eivät pitäneet todennäköisenä, että koko valtava pyramidi olisi rakennettu vain tätä yhtä pientä kammiota varten. Pyramidin sisältä täytyi löytyä muitakin kammioita. Niinpä ensimmäiset myoni-ilmaisimet asetettiin 2. pyramidin uumeniin.

Tutkimus ei kuitenkaan kyennyt paljastamaan ennestään tuntemattomia tyhjiä tiloja Gizan 2. pyramidin sisäisestä rakenteesta. Muutenkin tekniikka oli vielä varsin kehittymätöntä, ja niin tämä lupaava tutkimusmenetelmä unohdettiin yli viideksikymmeneksi vuodeksi. Tuona aikana myonikartografia kuitenkin otti huimia harppauksia eteenpäin, ja kun monikansallinen tutkijaryhmä ScanPyramids sai luvan Egyptin todellisten pyramidien tutkimiseen vuonna 2015 myoniradiografian keinoin,

oli heidän valmiutensa aivan eri luokkaa kuin Luis Alvarezin johtamalla
tutkimusryhmällä noin viisi vuosikymmentä aikaisemmin.

Myoniradiografian toimintaperiaate on hyvin suoraviivainen ja helppo ymmärtää.
Avaruudesta kulkeutuu maapallolle jatkuvana virtana kosmisia säteitä, jotka
saapuessaan maapallon ilmakehään reagoivat ilmamolekyylien kanssa. Seurauksena
syntyy myoneja, jotka etenevät lähes valon nopeudella ja kykenevät tunkeutumaan
jopa noin kilometrin syvyyteen maapallon maaperään. Myoneja saapuu maapallon
pinnalle tasaisena virtana noin 10 000 hiukkasta jokaiselle neliömetrille minuutissa,
mutta kulkiessaan kiinteän kiviaineksen läpi niiden määrä vähenee tasaisesti.
Pyramideja tutkittaessa säteilyilmaisimet viedään pyramidin sisätiloihin ja ne jätetään
sinne useiksi kuukausiksi keräämään säteilytietoa. Jos tuloksia analysoitaessa käy
ilmi, että säteilyilmaisimiin saapuu jostain tietystä suunnasta odotettua enemmän
myoneja kuin muista suunnista, silloin kyseisestä suunnasta täytyy löytyä vähemmän
kiinteää kiviainesta. Rakenteessa on toisin sanoen tyhjiö. Asettamalla useita
hiukkasilmaisimia eri puolille pyramidin sisäosia ja keräämällä säteilytietoa riittävän
pitkällä aikavälillä, tutkijoiden on mahdollista muodostaa rakenteesta kolmiulotteinen
malli, jolloin tyhjiön sijainti ja suuruus voidaan määrittää hyvinkin tarkasti. Mikä
parasta, menetelmä on tutkimuskohteelleen äärimmäisen hellävarainen. Tutkimus
voidaan suorittaa ilman että tutkijoiden tarvitsee porata ensimmäistäkään reikää tai
vahingoittaa pyramidin rakennetta millään tavoin.

Marraskuun 2. päivänä vuonna 2017 Scan Pyramids julkaisi näyttävän
lehdistötiedotteen Suuren pyramidin sisältä löytyneestä ennestään tuntemattomasta
tyhjästä tilasta. Myoniradiografia oli paljastanut Gizan Suuren pyramidin sisältä
valtavan suuruisen – noin 30 metriä pitkän, noin 15 metriä korkean ja muutaman
metrin levyisen – tuntemattoman tyhjän tilan suoraan Suuren salin yläpuolelta.
Havainnon oli tehnyt kolme itsenäistä tutkimusryhmää kolmen erilaisen teknologian
keinoin. Kaikki tutkimusryhmät tekivät täsmälleen saman havainnon.

Tyhjä tila vastaa noin 200-paikkaisen matkustajalentokoneen rungon tilavuutta. Tilaan
ei ole olemassa sisäänkäyntiä, tosin vuotta aiemmin sama tutkimusryhmä oli jo
varmistanut toisen tuntemattoman tyhjän tilan olemassaolon välittömästi laskevan
käytävän sisäänkäynnin yläpuolelta. vain noin kaksi metriä pyramidin julkisivun
takaa. Asiantuntijat eivät vielä osaa sanoa voisiko tämä olla suuren salin yläpuoliseen

tyhjään tilaan johtava käytävä. Yleisesti ottaen kyse on suurimmasta löydöksestä Gizan Suuren pyramidin rakenteessa sitten Al Mamunin aikojen.

58

# 81. Suuren pyramidin kammiokanavat

Suuren pyramidin sisältä on löydetty kaikkiaan neljä kapeaa kanavaa, joiden täsmällistä tarkoitusta ei toistaiseksi tunneta. Sekä kuninkaan kammiosta että kuningattaren kammioista lähtee molemmista kaksi kanavaa: yksi kammion eteläseinältä ja toinen kammion pohjoisseinältä. Kuninkaan kammion kanavien sisäänmenot muistuttavat muodoltaan suorakulmioita: niiden leveys on selvästi korkeutta suurempi (noin 20 x 14 senttimetriä). Kuningattaren kammion kanavat puolestaan ovat ulkoasultaan hieman suurempia ja enemmän neliön mallisia (noin 21 x 21 senttimetriä). Kaikki kammiokanavat etenevät ensin jonkin matkaa vaakatasossa, kunnes 1,72 – 2,63 metrin kohdalla alkavat nousta keskimäärin noin 40 asteen kulmassa ylöspäin. Samalla kaikkien kanavien muoto vakiintuu neliömäiseksi ja keskimäärin noin 21 x 21 senttimetrin suuruiseksi.

Ainoastaan kuninkaan kammiosta lähtevät kanavat johtavat ulos asti. Sen sijaan molemmat kuningattaren kammiosta alkunsa saavat kanavat päättyvät noin 63,6 metrin jälkeen lähes identtisiin kivilaattoihin, joista ainakin eteläisen kammiokanavan kivilaatan takana sijaitsee pieni tyhjä tila.

Kuninkaan kammiokanavan eteläinen ulostuloaukko sijaitsee 101. kivikerroksen kohdalla noin 77,5 metrin korkeudessa pyramidin perustasta mitattuna. Kuninkaan kammiokanavan pohjoinen ulostuloaukko sijaitsee puolestaan 102. kivikerroksen kohdalla noin 78,4 metrin korkeudessa.

Toisin kuin kuninkaan kammion kanavat, jotka ovat ilmeisesti aina olleet auki, kuningattaren kammiokanavat löydettiin vasta vuonna 1872. Ne oli kätketty kuningattaren kammion seinäkivetyksen taakse niin huolellisesti, ettei mikään pintapuolisesti tarkasteltuna viitannut niiden olemassaoloon. Ne löytyivät vasta, kun brittiläinen insinööri Waynman Dixon ryhtyi tarkoituksella niitä etsimään kuninkaan kammion tarjoaman esimerkin pohjalta.

Tapahtumasarja joka lopulta johti kuningattaren kammiokanavien löytämiseen, alkoi kun Charles Piazzi Smyth, Edinburghin kuninkaallisen observatorion johtaja, kiinnostui Suuren pyramidin arvoituksesta luettuaan John Taylorin kirjan The Great Pyramid: Why Was It Built? And Who Built it? Taylorin mukaan Suuri pyramidi liittyi jollain tavalla Raamatun tulvakertomukseen ja sen arkkitehtuuri edusti ikivanhaa pyhää geometriaa. Vaikka tieto ja ymmärrys pyhän geometrian tärkeimmistä periaatteista olikin kadotettu jo vuosituhansia aiemmin, oli se Taylorin mukaan mahdollista palauttaa kartoittamalla pyramidin rakenne ja kaikki sen mittasuhteet mahdollisimman huolellisesti ja tarkasti parhaimman saatavilla olevan mittausteknologian turvin. Etsittyään aikansa turhaan tukea ja rahoitusta hankkeelleen, Smyth päätti kustantaa matkansa itse. Vuonna 1865 hän matkusti Gizan pyramidialueelle tarkoituksenaan suorittaa ensimmäiset tarkat ja tieteellisesti pätevät mittaukset Suuressa pyramidissa. Näin hän tuli aloittaneeksi pyramidialueen täsmällisen mittaamisen ja kartoittamisen, jota Flinders Petrie – tieteellisen arkeologian isähahmo ja kehittäjä – pian hänen jälkeensä jatkoi.

Smyth joutui palaamaan takaisin Englantiin ennen aikojaan, mutta pyysi Kairossa työskennelleitä insinööriystäviään Waynman Dixonia ja hänen veljeään John Dixonia ottamaan vetovastuun kaivauksista ja suorittamaan puuttuvat mittaukset hänen puolestaan. Dixonit suostuivat pyyntöön ja veivät Smythin aloittaman projektin loppuun asti. Mutta siihen mennessä, kun Dixonin veljekset olivat saaneet tehtävänsä suoritettua, olivat he jo itse joutuneet Suuren pyramidin lumoihin. Waynman Dixon oli erityisen kiinnostunut kuninkaan kammiosta lähtevien kanavien arvoituksesta. Niinpä hän pyrki löytämään viitteitä vastaavien kanavien olemassaolosta myös kuningattaren kammion etelä- ja pohjoisseiniltä.

Kuningattaren kammion eteläseinää tutkiessaan hän löysi kivetyksestä kiinnostavan halkeaman likipitäen juuri niiltä kohdin, josta kuningattaren kammion mahdollinen kanava voisi todennäköisimmin alkaa. Saatuaan ujutettua jäykkää rautalankaa halkeamasta sisään hän tuli varmistuneeksi siitä, että päällyskivetyksen takana oli kuin olikin runsaasti tyhjää tilaa. Niinpä hän käski timpuriaan puhkaisemaan kanavan suuaukon esiin taltalla ja vasaralla. Tällöin selvisi, että kanavan suuaukko oli tarkoituksellisesti ja taidokkaasti kätketty noin 5 senttimetrin paksuisen kivilaatan taakse. Kun kanavan eteläinen suuaukko oli puhkaistu, toistivat he saman toimenpiteen myös kammion pohjoisseinällä, josta myös löytyi vastaavanlainen kanava.

Kuningattaren kammion eteläseinältä lähtevä kanava oli tyhjä, mutta pohjoispuolen kanavasta he löysivät kolme erilaista esinettä: pienen dioriittisen kivipallon, noin viisi senttimetriä pitkän kuparisen kaksoiskoukun, jonka tyvessä sijaitsi kaksi kupariniittiä, sekä noin 13 senttimetriä pitkän särkyneen puuriman. Nämä ovat tiettävästi ainoat Suuresta pyramidista koskaan löydetyt alkuperäiset esineet. Kaksi ensin mainittua sijaitsevat nykyisin Lontoossa British museumissa. Puurima sen sijaan on kadoksissa, mikä on erityisen harmillista, sillä puu on orgaanista ainetta ja olisi soveltunut mainiosti radiohiiliajoitukseen.

## 82. Robottimönkijöiden aikakausi alkaa

Waynman Dixonin jälkeen kammiokanavien tutkimus pysähtyi yli vuosisadaksi.
Edistystä alkoi tapahtua vasta 1980-luvun lopulla, kun asiantuntijat huolestuivat
Suuren pyramidin sisätilojen huonosta ilmanlaadusta ja esiin nousi ajatus
kuninkaankammiosta ulos johtavien kanavien hyödyntämisestä ilmastointikanavina.
Sitä ennen kammiokanavat tulisi kuitenkin puhdistaa, tutkia ja kartoittaa läpikotaisin.

Samoihin aikoihin Saksassa nuori insinööri nimeltä Rudolf Gantenbrink selaili
syntymäpäivälahjakseen saamaansa kirjaa, joka käsitteli muinaisen maailman
seitsemää ihmettä. Maailman seitsemästä ihmeestä Gizan Suuri pyramidi oli ainoa,
joka oli seissyt paikoillaan meidän aikoihimme asti. Liki 4 000 vuoden ajan se oli
ollut maailman korkein rakennus. Kirjaa tutkiessaan Gantenbrink kiinnitti erityistä
huomiota Gizan Suuren pyramidin läpi kulkeviin kammiokanaviin, joita hän piti
rakennusteknisinä ihmeinä. Kuninkaan kammiosta lähtevien kapeiden kanavien
tiedettiin kulkevan halki koko pyramidin eteläisen ja pohjoisen rakenteen aina ulos
saakka. Sen sijaan kuningattaren kammiosta lähtevien kanavien ulostuloaukkoja ei
oltu koskaan löydetty pyramidin ulkopuolelta. Minne ne johtivat?

Egyptologien yleinen mielipide tuohon aikaan oli, ettei kuningattaren kammiosta
alkunsa saavat kanavat todennäköisesti jatkuisi muutamaa metriä pidemmälle
pyramidin rakenteisiin. Tämä arvio perustui oletukseen siitä, että pyramidiarkkitehti
muutti todennäköisesti suunnitelmiaan kesken rakennustöiden, eikä kuningattaren
kammiosta näin ollen tullutkaan faaraon lopullista hautakammiota, kuten aiemmin oli
ajateltu, vaan sen korvasi yläpuolelle rakennettu kuninkaan kammio. Näin saatiin
loogisesti perusteltu selitys myös sille, miksi kuningattaren kammion kanavat oli
peitetty.

Rudolf Gantenbrink ei voinut kuitenkaan ymmärtää syytä sille, miksi kanavat oli
jätetty käytännössä tyystin tutkimatta. Miksei niitä oltu tutkittu perusteellisesti
nykyaikaisen teknologian turvin? Ilmeisesti kyse oli vain pelkästä saamattomuudesta.
Niinpä hän päätti itse ryhtyä suunnittelemaan tehtävään soveltuvaa robottimönkijää.
Kun alustavat suunnitelmat olivat valmiit, Gantenbrink lähestyi kirjeitse Saksan
arkeologisen instituutin johtajaa Rainer Stadelmannia ja ehdotti tapaamista.

Tavattuaan Rudolf Gantenbrinkin, nähtyään hänen alustavat suunnittelemansa ja kuunneltuaan hänen ehdotuksensa kammiokanavien tutkimukseen suunnitellun mönkijärobotin rakentamisesta, Stadelmann innostui kuulemastaan ja näkemästään siinä määrin, että lupasi esitellä asian Egyptin arkeologiselle instituutille. Myös Egyptin viranomaiset ilahtuivat esityksestä, mutta suostuivat ehdotukseen vain sillä ehdolla, että suunnitelmaan sisällytettäisiin myös kuninkaan kammiokanavien puhdistustyö ja koneellinen ilmastointi. Stadelmann vei nämä terveiset Gantenbrinkille, joka teki projektista pian uuden suunnitelman. Uuteen suunnitelmaan lisättiin kammiokanavien tutkimisen ja kartoittamisen lisäksi myös suunnitelma ylempien kanavien puhdistamisesta ja pyramidin koneellisesta ilmastoinnista. Suunnitelma sai kaikkien tahojen siunauksen ja niin projekti lähti liikkeelle.

Kammiokanavien perusrakenne koostuu tasaisesta ja lähes saumattomasta keskimäärin noin 39 asteen kulmassa kohoavasta pohjalaatoituksesta, jollainen muodostaa jokaisen kammiokanavan lattian. Kammiokanavien seinät ja katto on valmistettu yksittäisistä suorakaiteen muotoisista kalkkikivipaaseista siten, että kivipaasien keskelle on valmistettu pituussuunnassa keskimäärin noin 21 senttimetriä syvä ja noin 21 senttimetriä leveä suorakaiteen muotoinen ura. Kammiokanava syntyy, kun nämä uritetut hieman U-kirjainta muistuttavat kivipaasit asetetaan alassuin jonomuodostelmaan tasaisen pohjalaatoituksen päälle. Kanavien pääasiallisena rakennusmateriaalina on käytetty tavanomaista keltaista kalkkikiveä lukuun ottamatta kammiokanavien aivan viimeisimpiä metrejä, jotka on valmistettu hienommasta vaaleasta kalkkikivestä. Kuinka näin pikkutarkka, hienovarainen ja näennäisen turha hanke on saatu käytännössä toteutettua keskellä muutenkin valtavaa rakennusprojektia niin kestävällä ja virheettömällä tavalla, että kymmenistä vuosisadoista ja lukemattomista maanjäristyksistä huolimatta jokainen kammiokanava on yhä edelleen täysin ehjä ja kulkukelpoinen? Kammiokanavat ovat hyvä esimerkki juuri sellaisesta suunnittelun ja rakennusteknisen osaamisen tasosta, joka on tyypillistä vain todellisille pyramideille. Juuri tämänkaltaisista syistä todelliset pyramidit ovat jaksaneet hämmästyttää tutkijoita halki vuosituhansien.

Rudolf Gantenbrinkin ensimmäinen robottimönkijä oli nimeltään The Father of Upuaut, jossa sana Upuaut tarkoittaa tien avaajaa. Mönkijärobotin kaksiosainen runko muodostui kaksista kumisista telaketjuista, jotka kanavassa kulkiessaan kiilautuivat tiukasti katon ja lattian väliin tehden mahdolliseksi paikoin jopa yli 45 asteen nousun kammiokanavaa ylöspäin. Telaketjujen välissä toimi mönkijärobotin toiminnallinen keskus: sen valonlähde, videokamera sekä kaikki muu mittaukseen ja operointiin tarvittava teknologia.

Father of the Upuaut lähetettiin ensimmäiselle tutkimusmatkalleen Kuningattaren kammiokanaviin maaliskuussa 1992. Teknisten hankaluuksien vuoksi robotin matka eteni molemmissa kuningattaren kammiokanavissa aluksi vain noin 9 metriä. Tästäkin huolimatta ensimmäinen operaatio oli menestys, sillä se kykeni osoittamaan vääräksi egyptologien vuosikymmenien ajan ylläpitämän käsityksen alempien kammiokanavien lyhyydestä ja merkityksettömyydestä. Kanavat jatkuivat paljon syvemmälle pyramidin rakenteisiin kuin aiemmin oli epäilty, eikä mikään viitannut siihen, että kyseessä olisi ollut suunnittelijan tekemä erehdys. Operaation ensimmäisen vaiheen jälkeen Gantenbrink palasi takaisin Saksaan parantelemaan laitteistoaan ja valmistelemaan operaation seuraavaa vaihetta: kuninkaan kammion kanavien puhdistamis-, kartoittamis- ja ilmastointihanketta.

Noin kaksi kuukautta myöhemmin Rudolf Gantenbrink palasi Egyptiin mukanaan uusi laite nimeltä Upuaut-1, jonka tarkoituksena oli mitata, kartoittaa ja kuvata huolellisesti molemmat ylemmät kammiokanavat. Koska kuninkaan kammiosta nousevien ylempien kammiokanavien ulostuloaukot olivat jo etukäteen tiedossa, ei Upuaut-1 mönkijään tarvinnut suunnitella erikseen liikkumisen mahdollistavaa moottoria. Kanavien mittaus ja luotaus voitiin toteuttaa aivan hyvin myös kanavaa pitkin laskettavan kelkan avulla – kunhan kanavien ulostuloaukot vain ensin saatiin puhdistettua kivijätteestä.

Kammiokanavien puhdistus oli hankala ja aikaa vievä projekti. Vihdoin kaikki oli kuitenkin valmista ja mittaukset voitiin aloittaa. Kameran lisäksi kelkkaan kiinnitettiin laseranturi mittaamaan kanavan leveyttä ja korkeutta. Alkuosan ensimmäisen ylöspäin suuntautuvan mutkan jälkeen eteläinen kammiokanava jatkoi jokseenkin suoraviivasta nousua ylöspäin. Sen sijaan pohjoinen kammiokanava teki ensimmäisen ylös suuntautuvan mutkan jälkeen vielä kolme mutkaa vaakasuunnassa, ja vasta sen jälkeen aloitti suhteellisen suoran nousun ylöspäin. Mittauksissa selvisi, etteivät kuninkaan kammion kanavat olleet edes suorilla osuuksillaan täysin viivasuoria, vaan kaareutuivat hienoisesti vaakasuunnassa. Kanavien alkuosan mutkien ja keskiosan vaakasuuntaisen kaareutumisen johdosta kanavia ei voitu edes teoriassa soveltaa tähtien tarkkailuun – kuten jotkin tutkijat olivat ehdottaneet. Ilman koneellisen ilmastoinnin tuomaa apua niitä ei olisi kunnolla voitu käyttää edes ilmastointiin, joten niillä täytyi olla jokin muu tarkoitus.

Kun mittaukset oli saatu suoritettua, asennettiin kuninkaan kammion eteläiselle seinälle ilmastointilaite, joka käytti ylempää eteläistä kammiokanavaa ilmanvaihtokanavanaan. Hyvin pian ilmastointilaitteen asennuksen jälkeen pyramidin sisäilman kosteus- ja lämpötila-arvot normalisoituivat, mikä ennaltaehkäisi tehokkaasti pitkäaikaisen kosteuden ja kuumuuden aiheuttamaa riskiä kivetyksen rapautumiselle.

Kolmas ja viimeinen Rudolf Gantenbrinkin johtama tutkimussessio Gizan Suuressa pyramidissa käynnistyi maaliskuussa 1993. Tällä kertaa tutkimuksen kohteena oli kuningattaren kammio ja mukana oli uusi robottimönkijä Upuaut-2, joka oli huomattavasti kehittyneempi versio edeltäjästään Father of Upuautista. Tämän lisäksi Gantenbrink oli valmistanut myös kokonaan uudenlaisen robotin; Upuaut-2:n jälkeensä jättämää sähkökaapelia hyödyntävän Rope Climberin, joka lähetettiin kanavaan Upuaut 2:n perässä ja joka nimensä mukaisesti kiipesi kanavaa ylöspäin Upuaut 2:n jälkeensä jättämää sähkökaapelia pitkin.

Rope Climber oli varustettu laitteistolla, joka kykeni mittaamaan täsmällisesti kanavan nousukulmaa. Tämän lisäksi Rope Climber kykeni lukittautumaan tukevasti kanavan seinämiin, jolloin se kykeni kestämään jopa 120 kilogramman vetovoimaa alaspäin. Lukittautuneena kanavan seiniin Rope Climberin tehtävänä oli juoksuttaa löysää sähkökaapelia ylöspäin jyrkkänä nousevaa kammiokanavaa pitkin, mahdollistaen siten käytävää edellä kiipeävän Upuaut-2:n vaivattoman etenemisen. Ilman Rope Climberin tuomaa helpotusta köyden vetäminen ylös mutkikasta kanavajärjestelmää pitkin olisi käynyt Upuaut-2:lle aivan liian raskaaksi jo kauan ennen varsinaisen määränpään saavuttamista.

Ensimmäisenä tutkimuskohteena oli kuningattaren kammion pohjoinen käytävä, jonne tällä kertaa päästiin etenemään jopa noin 19 metrin verran, kunnes matka pysähtyi noin 45 asteen mutkaan ja käytävän pohjalla lojuvaan rautatankoon, jonka toisessa päässä oli kierteet. Tämä löydös oli kaikille yllätys, sillä Waynman Dixon, jonka tiedettiin mitanneen kammiokanavien pituutta juuri tämänkaltaisilla rautatangoilla, ei ollut itse raportoinut epäonnistuneista tutkimusyrityksistä, saati jälkeensä jättämistä rautatangoista kuningattaren kammiokanavassa. Koska Gantenbrink ei halunnut riskeerata operaatiota Upuaut 2:n jumiutumisella, siirtyi tutkimuksen painopiste seuraavaksi eteläiseen kammiokanavaan.

Hitaasti mutta varmasti Upuaut-2 eteni ylös kuningattaren kammion eteläistä kanavaa Rope Climberin avustamana. Pian 54 metrin jälkeen Upuaut-2:n videokamera paljasti käytävän muuttuvan selvästi sileäpintaisemmaksi ja viimeistellymmäksi. Myös kalkkikiven laatu muuttui paremmaksi ja vaaleammaksi. Maaliskuun 22. päivänä videokameran monitori paljasti hätkähdyttävän näyn. Pian 63 metrin jälkeen käytävä päättyi yhtäkkiä sileään kalkkikivilaattaan, jonka yläosassa oli vaakatasossa noin kymmenen sentin välein kaksi kuparitankoa. Tangot oli taitettu laattaa vasten 90 asteen kulmaan siten, että tankojen päät osoittivat alaspäin.

Egyptologit olivat tähän saakka pitäneet kuningattaren kammion kanavia suunnittelijan tekemänä erehdyksenä. Oletuksena oli, että kammiokanavien rakentaminen oli jätetty kesken jo rakentamisen alkuvaiheessa, minkä katsottiin selittävän myös kammiokanavien piilottamisen ohuen kivilaatoituksen taakse. Uusi löydös kuitenkin romutti teorian lopullisesti. Kuningattaren kammiokanavat olivat huolellisesti suunniteltuja ja loppuun asti viimeisteltyjä. Niiden valmistaminen oli rakentajalleen ilmiselvästi äärimmäisen tärkeää. Neljän kammiokanavan valmistaminen läpi pyramidin kerroksittain kohoavan perusrakenteen on edellyttänyt pyramidin rakennuttajalta aivan erityistä suunnitelmallisuutta, huolellisuutta ja tarkkuutta, mutta myös valtavan määrän ylimääräistä työtä ja vaivaa. Niinpä niiden olemassaololle, mutta myös niiden kätkemiselle, täytyi olla olemassa jokin hyvä syy.

Kammiokanavien tutkimuksen lisäksi Gantenbrink valmisti pyramidista ensimmäisen kokonaisvaltaisen 3D-mallinnuksen. Hän myös vahvisti oman tutkimuksensa nojalla kyynärän likiarvoksi 0,5236 metriä.

Siitä huolimatta, että Rudolf Gantenbrinkin ja Rainer Stadelmannin yhteisprojekti oli osoittautunut menestykseksi, olivat heidän välinsä kuitenkin viilentyneet projektin edetessä. Vain muutama päivä löydöksen jälkeen Stadelmannin ja Gantenbrinkin yhteistyö loppui. Gantenbrink lensi takaisin Saksaan, eikä enää koskaan jatkanut tutkimuksia alueella. Gantenbrinkin työ oli kuitenkin jättänyt jälkeensä paljon enemmän kysymyksiä kuin antanut vastauksia, joten oli vain ajan kysymys, koska kammiokanavien tutkimuksia jälleen jatkettaisiin

Vetovastuun tutkimuksista otti tämän jälkeen egyptiläinen arkeologi Zahi Hawass. Hän ei kuitenkaan pitänyt suurta kiirettä jatkotutkimusten kanssa, mikä hermostutti laajalti pyramideista kiinnostunutta kansainvälistä yleisöä. Hawassilla oli entuudestaan hyvät suhteet National Geographicin televisio- ja elokuvadivisioonan johtajaan Tim Kellyyn. Vastatakseen yleisön pyyntöön avoimen ja läpinäkyvän tutkimuksen puolesta, Kelly ja Hawass päättivät koostaa tutkimusprojektin seuraavasta vaiheesta dokumenttielokuvan. Uuden tutkimushankkeen tavoitteena oli kehittää uusi robottiryömijä, joka ensin selvittäisi kaikuluotausmenetelmän avulla kivilaatan paksuuden, ja mikäli suinkin mahdollista, poraisi siihen sen jälkeen kameran mentävän reiän. Hetki jolloin kamera ujutettaisiin ensimmäisen kerran aukosta sisään, oli tarkoitus lähettää suorana televisiolähetyksenä National Geographicin kanavalla.

Uuden mönkijän suunnitteluvastuu annettiin bostonilaiselle yritykselle iRobot. Robotin nimeksi tuli Pyramid Rover ja sen toimintapcriaate muistutti läheisesti Rudolf Gantenbrinkin Upuaut-sarjan robottimönkijöitä. Pyramid Rover oli varustettu tavanomaisen kameran lisäksi myös kivilaatan paksuuden mittaamiseen suunnitellulla sensorilla, tehokkaalla kiviporalla, sekä LED-valolla ja taipuisalla varrella varustetulla kameralla, jonka oli määrä mahtua sisään sitä varten poratusta reiästä ja kuvata näkymiä laatan toiselta puolelta.

Varsinainen tutkimus käynnistyi loppukesällä 2002, siis yli yhdeksän vuotta Gantenbrinkin johtaman viimeisen tutkimusprojektin jälkeen. Projektin ensimmäisen kahdeksan päivän aikana Pyramid Rover suoritti useita alustavia tiedusteluretkiä kuningattaren kammion eteläisessä kanavassa. Tämän jälkeen se lähetettiin vastaaville tiedusteluretkille pohjoiseen kammiokanavaan, jossa Upuautin matka oli aiemmin tyrehtynyt Waynman Dixonin jälkeensä jättämään metallitankoon noin 19 metrin kohdalla. Pyramid Rover selvisi alkumatkan haasteista ongelmitta, mutta kaikkien suureksi yllätykseksi matka tyrehtyi 27 metrin kohdalla vielä kahteen samanlaiseen metallitankoon. Tässä vaiheessa tutkimusryhmä päätti tuoda Pyramid Roverin takaisin. Jatkossa päätettiin keskittyä vain eteläisen kammiokanavan tutkimukseen, joka sisälsi vähemmän mutkia ja matkaa hankaloittavia esteitä. Arvoitukseksi jäi, miten metallitangot olivat päätyneet kanavaan jopa 27 metrin päähän kuningattaren kammiosta.

Syyskuun 16. päivänä vuonna 2002 Pyramid Rover arvioi kaikuluotaimensa avulla eteläisen kammiokanavan sulkevan kivilaatan paksuudeksi noin 5-9 senttimetriä. Tämän jälkeen se porasi kivilaattaan läpimitaltaan 2 senttimetrin suuruisen reiän ja seuraavana päivänä National Geographic lähetti kanavallaan suorana lähetyksenä, kuinka kamera työntyi aukosta sisään.

Kivilaatan toisella puolella oli noin 19 senttimetriä pitkä tyhjä tila, jonka päässä alkoi jälleen tavanomaisesta keltaisesta kalkkikivestä valmistettu hiomaton kalkkikiviseinä. Pyramid Roverin kameran valo oli kehno, eikä kameran pää pystynyt kääntyilemään eri suuntiin kuvatakseen laajemmin tyhjän tilan lattiaa, kattoa ja seiniä. Oliko vastaan tullut seinä kanavan lopullinen päätepiste, vai oliko kyseessä sittenkin taas uusi ovi, jonka läpi oli mahdollista porata reikä? Tämän arvoituksen ratkaisemisemiseksi täytyisi rakentaa vielä ainakin yksi uusi robottimönkijä.

Lopuksi Pyramid Rover teki vielä kolme tutkimusretkeä pohjoiseen kammiokanavaan. Viimein se onnistui ohittamaan kaikki matkan varrella vastaan tulleet esteet ja etenemään kanavan loppuun saakka. Myös pohjoinen kammiokanava paljastui noin 63,6 metrin mittaiseksi, ja se päättyi – aivan kuten eteläinen kammiokanavakin – täsmälleen samankaltaiseen hiottuun kalkkikiviseinään, jota koristivat täsmälleen samankaltaiset kuparikiinnikkeet kuin eteläisessäkin kammiokanavassa.

# 83. Djedi-projekti

Seuraavan mönkijän suunnittelu annettiin Leedsin yliopiston tehtäväksi. Zahi Hawass oli saanut tarpeekseen telaketjuilla kulkevista kammiokanavan katon ja lattian väliin kiilautuvista robottimönkijöistä, jotka jättivät kumisista telaketjuista ja kaikista varotoimenpiteistä huolimatta aina uurteita ja naarmuja kanavan seinämiin. Hawass rohkaisi insinöörejä siirtymään robottimönkijöiden suunnittelussa kokonaan uuteen aikakauteen ja innovoimaan uudesta robottiryömijästä jotain täysin ennen näkemätöntä; jotain, jonka suorituskyky ylittäisi kaikki edelliset robottimönkijämallit, mutta joka ei jättäisi käynnistään mitään pysyviä jälkiä kanavan sisäpintoihin.

Toisin kuin kaikki aiemmat mönkijämallit, Djedi-mönkijän eteneminen perustui kirjaimellisesti mönkimiseen. Sen esikuvana ja innoittajana toimi näet mittarimato. Aivan kuten mittarimadon liikkuminen, samoin myös Djedi-mönkijän eteneminen perustui mönkijän rungon vuorottaiseen venymiseen ja supistumiseen. Djedi-mönkijä liikkui lukitsemalla peräosansa molemmin puolin kanavan seinämiin sen takaosan sivuilta työntyvien pehmeiden silikonikumiulokkeiden avulla. Niiden varassa se työnsi etuosaansa eteenpäin. Tämän jälkeen rungon etuosa lukittui vuorostaan samankaltaisten ulokkeiden avulla kanavan seinämiin, peräosa vapautui lukituksesta ja etuosa veti peräosaa ylöspäin. Sitten taas peräosa lukittui, etuosa työntyi eteenpäin, ja niin edelleen. Mittarimatomaisen etenemisensä ansiosta Djedi-mönkijän pyöriin ei tarvinnut suunnitella minkäänlaista voimansiirtoa eikä edes jarruja, vaan niiden annettiin pyöriä täysin vapaasti. Kaikki liike perustui vuoroin venyvään ja vuoroin supistuvaan runkoon, sekä vuoroin etu- ja takapäästään kanavan seinämiin lukittuviin pehmeisiin ulokkeisiin.

Djedi-mönkijä esitteli kokonaan uudenlaisen tavan kiivetä pyramidin kammiokanavaa ylöspäin. Mönkijän sivuilta työntyvien ulokkeiden avulla hoituivat myös kaikki mutkat ja käännökset kammiokanavan sisällä, samoin kanavan leveyden jatkuva täsmällinen mittaaminen. Innovatiivisen rakenteensa ansiosta Djedi-mönkijä oli myös huomattavasti aiempia mönkijöitä kevyempi, mikä oli suuri etu taistelussa painovoimaa vastaan. Mönkijän ainoa merkittävä haittapuoli oli sen hitaus: Djedi-mönkijältä kului noin kuusi tuntia edetä kanavan suuaukolta kanavan päättävän kivilaatan eteen.

Vuosien 2006 ja 2008 välillä Djedi-mönkijää testattiin huolellisesti Egyptissä lähellä pyramideja sijaitsevalla testiradalla, joka oli huolellisesti suunniteltu vastaamaan edessä olevia haasteita. Vasta kun mönkijä oli osoittanut kyvykkyytensä testiradalla, saattoi se aloittaa tutkimukset varsinaisen pyramidin sisällä. Vielä tuolloin mukana oli myös Singaporen yliopiston valmistama prototyyppi mönkijärobotista nimeltä Tomb Trekker, joka kuitenkin edusti vanhaa suunnittelua ja hävisi lopulta kilpailun Leedsin yliopiston valmistamaa Djedi-mönkijää vastaan.

Heinäkuussa 2009 Djedi suoritti ensimmäiset alustavat tiedusteluretkensä kuningattaren kammion eteläiseen kanavaan. Sitä seuraavat retket samaan kanavaan suoritettiin saman vuoden joulukuussa. Toukokuun 29. päivänä vuonna 2010 Djedi-mönkijä kiipesi vihdoin eteläisen kanavan loppuun saakka ja pysähtyi poratun kivilaatan eteen. Kammiokanavan sulkevan kivilaatan paksuudeksi varmistui mittauksissa noin 6 senttimetriä. Tämän jälkeen Djedi pujotti halkaisijaltaan 8 millimetrisen kameransa kivilaattaan poratun reiän kautta seinän toisella puolella sijaitsevaan tyhjään tilaan ja suoritti sisätilan huolellisen kartoituksen.

Oven takana avautuvan tyhjän tilan korkeudeksi varmistui 23 senttimetriä, leveydeksi 23 senttimetriä ja pituudeksi 19 senttimetriä, mikä käytännössä tarkoittaa melko tarkoin 10 litran tilavuutta. 23 cm x 23 cm x 19 cm = 10 051 cm$^3$ ≈ 10 dl$^3$ = 10 l. Kun sama laskutoimitus tehdään kyynärissä, saadaan tilavuudeksi myös pyöreä tasaluku. 43,93 x 43,93 x 36,29 = 70 034 ≈ 70 000. Kaikista mahdollisista mitoista tämän tilan mitoiksi valikoituivat sellaiset, jotka yhdessä tuottavat tilavuuden, joka on pyöreä tasaluku sekä metreissä että kyynärissä.

Kääntyilevän kameransa ansiosta Djedi-mönkijä kykeni myös tutkimaan tarkoin tämän pienen kammion sisäseiniä. Kammion oven kuparikiinnikkeiden sisäpuolen päät oli taivutettu siisteiksi silmukoiksi oven sisäpintaa vasten. Silmukoiden sisään jäävän tyhjän tilan läpimitaksi arvioitiin noin 3 millimetriä.

Djedi-mönkijä mittasi eteläisen kuningattaren kammiokanavan kokonaispituudeksi 63,6 ± 0,4 metriä. Pituus käsittää kanavan pituuden alkaen kuningattaren kammion eteläisen kanavan suuaukolta päättyen kanavan tukkivaan kivilaattaan. Mittaustulos varmistettiin oikeaksi vertaamalla tulosta Djedi-mönkijän perässään vetämän sähkökaapelin pituuteen.

Toisin kuin kammion etuseinä, joka oli valmistettu korkealaatuisesta vaaleasta kalkkikivestä ja joka oli kauttaaltaan tasaiseksi hiottu ja sileä, kammion takaseinä oli valmistettu tavanomaisesta keltaisesta kalkkikivestä ja oli olemukseltaan epätasainen ja viimeistelemätön.

Kammion lattian oikeaan laitaan oli piirretty käytävän suunnassa pitkä punainen viiva ja sen oikealle puolelle viivan ja seinän väliin noin 45 asteen kulmassa muinaisegyptiläisiä hieraattisia merkintöjä, jotka egyptologit tunnistivat pian numeroiksi. Hieraattisen kirjoituksen uskottiin alun perin kehittyneen vasta kauan hieroglyfikirjoituksen jälkeen, mutta löydös paljasti kirjoitustavan olleen käytössä jo paljon oletettua aiemmin. Ensimmäisen numeron tulkinnasta asiantuntija eivät päässeet täyteen varmuuteen, mutta merkki edustaa todennäköisesti lukua 100. Tämän jälkeen seuraa varmuudella tunnistettavat luvut 20 ja 1. Mikäli ensimmäinen luku tulkitaan luvuksi 100, niin silloin lattian merkintä vastaa hyvin tarkasti kuningattaren kammiokanavan pituutta kyynärissä: 121 kyynärää. Kammiokanava suunniteltiin 121 kyynärän mittaiseksi. Mutta miksi?

Mikäli kyynärän pituudeksi arvioidaan noin 0,5236 metriä (mikä on pyramidikyynärän yleisesti tunnustettu likiarvo), niin silloin 121 kyynärää vastaa 63,4 metriä. Näin ollen merkintä kuvaa käytävän pituutta. Käytävän mitattu pituus 63,6 ± 0,4 metriä mahtuu laskennallisen virhemarginaalin sisään. Sekä pohjoinen että eteläinen kammiokanava ovat täsmälleen saman pituisia ja päättyvät täsmälleen samanlaiseen kivilaattaan – mikä myös on selvä merkki siitä, että kammiokanavien pituudet olivat tarkoin harkittuja.

Kun Djedi-mönkijän kuvaamaa videomateriaalia analysoitiin jälkikäteen tarkemmin, huomattiin alhaalla käytävän oikeanpuoleisessa seinässä mahdollisesti lisää hieraattista kirjoitusta vain noin 3,6 metriä ennen kiviovea eli tasan 60 metrin kohdalla kanavan alusta lukien. Koska havainto tehtiin vasta jälkikäteen, ei löydöstä kyetty tulkitsemaan sen tarkemmin. Lisäselvitykset jäävät tulevien robottimönkijöiden tehtäväksi.

Myöhemmin vuonna 2011 Djedi-projekti keskeytyi osin Egyptin epävakaan poliittisen tilanteen seurauksena, osin muista syistä. Kun tutkimukset joskus taas jatkuvat, on asialistalla päällimmäisenä seuraavat toimenpiteet:

- Eteläisen kammiokanavan jälkimmäisen seinämän paksuuden mittaus sekä mahdollinen poraus ja tähystys
- Eteläisen kammiokanavan oikeanpuoleisella seinällä noin 60 metrin kohdalla sijaitsevien hieraattisten merkintöjen tutkiminen
- Pohjoisen kammiokanavan perältä löytyvän kivilaatan paksuuden mittaus, kameran mentävän aukon poraus ja kivilaatan takaisen tilan tähystys

Kuningattaren kammiokanavien tutkimus on antanut uutta pontta myös ajatukselle niin sanotun pyhän kyynärän käytöstä todellisten pyramidin suunnittelussa. 1800-luvun lopulla Flinders Petrie kumosi Isaac Newtonin, John Taylorin ja Piazzi Smythin elättelemät teoriat niin sanotun pyhän kyynärän käytöstä Suuren pyramidin suunnittelussa vedoten siihen, ettei pyramidin mittasuhteista löytynyt mitään, mikä olisi suoranaisesti viitannut 25,025 tuuman eli 63,5635 senttimetrin suuruisen pituusmitan käyttöön.

*"there is no authentic example, that will bear examination, of the use or existence of any such measure as a 'Pyramid inch,' or of a cubit of 25.025 British inches."*

- W. M. Flinders Petrie, The Pyramids and Temples of Gizeh (London, 1883), s. 189

Tilanne kuitenkin muuttui yllättäen, kun molempien kuningattaren kammiokanavien pituuksiksi paljastui 63,6 ± 0,4 metriä. Kuningattaren kammiokanavien pituus on näin ollen tasan 100 Newtonin pyhää kyynärää.

## 84. Maailman vanhin papyrus ja Suuri pyramidi

Vuonna 2013 ranskalainen arkeologi Pierre Tallet ja hänen johtamansa tutkimusryhmä suoritti arkeologisia kaivauksia Egyptin itärannikon syrjäisimmillä seuduilla Punaisen meren rannalla noin 150 kilometriä Suezin kanavalta etelään. Tallet löysi rannalta vuosituhansia sitten hylätyn sataman jäänteet. Alueelta löytyi muun muassa 130 muinaista ankkuria, lähes 200 metriä pitkän aallonmurtajan jäänteet sekä kolmekymmentä kallioon hakattua ja huolellisesti piilotettua venevalkamaa. Tarkemmissa tutkimuksissa venevalkamien havaittiin olevan peräisin Egyptin vanhan valtakunnan 4. dynastian aikakaudelta, Faarao Khufun hallituskaudelta. Faarao Khufu tunnetaan antiikin kreikkalaisessa kirjallisuudessa nimellä Kheops, jonka kreikkalainen historioitsija Herodotus arveli rakentaneen Gizan Suuren pyramidin.

Talletin tekemissä tutkimuksissa selvisi, että hylätystä satamasta käsin tehtiin matkoja Punaisen meren yli Siinain niemimaan puolelle, jossa sijaitsi muun muassa Egyptille tärkeitä kivi- ja kuparikaivoksia. Laivastoa johti mies nimeltä Merer, joka piti lokikirjaa rahtikuljetuksistaan Egyptiä ympäröivillä merillä ja sitä halkovalla Niilillä. Nämä lokikirjat löytyivät kätkettynä eräästä venevalkamasta, josta Pierre Tallet löysi ne vuonna 2013 eli noin 4 600 vuotta myöhemmin hämmästyttävän hyväkuntoisina. Papyrukset oli kirjoitettu sekä hieroglyfein että hieraattisin kirjaimin.

Lokikirjan merkinnät koostuivat pääsääntöisesti lyhyistä riveistä, joissa kerrottiin mistä laiva oli tulossa, minne se oli menossa ja mitä sillä oli lastina. Ohessa pieni ote englanniksi käännetystä lokikirjasta, jossa kerrotaan kuinka Merer kuljettaa kiviä pitkin Niiliä. Teksti on kauttaaltaan varsin yksitoikkoista kirjanpitokieltä:

*[Day 25]: [Inspector Merer spends the day with his phyle [h]au[ling]? st[ones in Tura South]; spends the night at Tura South*
*[Day 26]: Inspector Merer casts off with his phyle from Tura [South], loaded with stone, for Akhet-Khufu; spends the night at She-Khufu.*
*Day 27: sets sail from She-Khufu, sails towards Akhet-Khufu, loaded with stone, spends the night at Akhet-Khufu.*
*Day 28: casts off from Akhet-Khufu in the morning; sails upriver Tura South.*
*Day 29: Inspector Merer spends the day with his phyle hauling stones In Tura South, spends the night at Tura South.*

Lokikirjassa mainitaan toistuvasti satama nimeltä Tura, jolla todennäköisesti tarkoitettiin hienosta vaaleasta kalkkikivestä tunnettua Turan kalkkikivilouhosta, joka sijaitsee linnuntietä noin 25 kilometriä Gizan pyramidialueesta kaakkoon. Muita papyruksessa mainittuja satamia ovat She-Khufu ja Akhet-Khufu, jotka Turasta katsottuna sijaitsevat joen alajuoksulla ja jotka kirjaimellisesti käännettynä tarkoittavat Khufun järveä/allasta ja Khufun horisonttia. Khufun horisontti tunnetaan nykyisin paremmin Gizan tasankona, jolla pyramidit 1, 2 ja 3 sijaitsevat.

Papyruksissa ei mainita sanallakaan pyramideista tai kivien käyttötarkoituksesta, mutta koska kyseessä oli Khufun valtakausi ja koska Khufua on antiikista asti pidetty Gizan Suuren pyramidin rakentajana, tahtoivat tutkijat nähdä muinaisen lokikirjan todistuksena siitä, kuinka pyramidin julkisivun vaaleita päällyskiviä rahdattiin laivalla 1. pyramidin rakennustyömaalle. Niinpä vuonna 2015 halki maailman tiedostusvälineiden levisi uutinen, jonka mukaan maailman vanhimmat papyrustekstit 4 600 vuoden takaa todistivat faarao Khufun rakentaneen Gizan Suuren pyramidin. Tulkinta on vähintäänkin rohkea ottaen huomioon, että kyseessä on pelkkä muinaisen rahtilaivan lokikirja, josta käy ilmi ainoastaan kivien noutaminen Turan kalkkikivilouhokselta sekä niiden kuljettaminen jokea alas myötävirtaan kahden päivämatkan verran lastin purkupaikalle Gizaan, jossa ne on vastaanottanut faarao Khufun velipuoli nimeltä Ankh-haf. Lähtösataman lisäksi mainitaan yksi välisatama (She-Khufu) jossa vietetään yö ja päätesatama (Akhet-Khufu) jossa lasti puretaan.

Papyruslöytö vahvistaa todeksi muun muassa sen, että sekä hieroglyfikirjoitus että hieraattinen kirjoitus tunnettiin jo välittömästi vanhan valtakunnan alusta lukien. Papyruslöytö todistaa lisäksi myös sen, että Faarao Khufulla oli jonkinlaisia rakennushankkeita Gizan alueella. Mutta kuuluiko näihin rakennushankkeisiin Gizan Suuren pyramidin rakentaminen – sitä tämä papyruslöytö ei todellakaan kykene todistamaan.

# Kirjan keskeisin lähdeaineisto

## Kirjat:


- Egypti Faaraoiden maa, Könemann 2004, ISBN: 951-584-640-4
- Faaraoiden Egypti, Rolf Grönblom, Schildts 2002, ISBN: 951-501-259-7
- Platon – teokset V, Timaios, Otava, 1999, ISBN: 951-1-158-96-1
- Secrets of the Great Pyramid, Peter Tompkins, 1979, ISBN: 0-06-090631-6
- Viisauden talo – Länsimaiden arabialainen perintö, Jonathan Lyons, Into 2009, ISBN: 978-952-264-237-0


## Sähköinen lähdeaineisto:


- Egypt for the Curious Layperson and the Budding Scholar. WWW-sivut. Saatavissa: http://emhotep.net/ [Viitattu 16.03.2018].
- Gizeh Iron Revisited (Journal of the Historical Metallurgy Society, Vol. 27 No. 2, 1993, pp. 57-59). PDF-tiedosto: Saatavissa: http://hist-met.org/images/Journal_PDFs/27_2_p_57_Craddock.pdf [Viitattu 24.1.2019].
- Metallurgical investigation of an iron plate found in 1837 in the Great Pyramid at Gizeh, Egypt (Journal of Historical Metallurgy Society, Vol. 23 No. 2, 1989, pp. 75-83). PDF-tiedosto. Saatavissa: http://hist-met.org/images/Journal_PDFs/23_2_p_75_El_Sayed.pdf [Viitattu 24.1.2019].
- Nexus Network Journal Architecture and Mathematics, The Design of The Great Pyramid of Khufu. WWW-sivut. Saatavissa: https://link.springer.com/article/10.1007/s00004-014-0193-9 [Viitattu 19.1.2019].
- The Upuaut Project Official Website. WWW-sivut. Saatavissa: http://www.cheops.org/ [Viitattu 16.03.2018].

# Kuvaliitteet

Kirjan kuvat suurennettuina:

Sivu 77: Suuren pyramidin pohjoiseteläsuuntainen poikkileikkaus

Sivu 78: Suuren pyramidin geometrian yhteys kultaiseen leikkaukseen

Sivu 79: Suuren pyramidin geometrian yhteys ympyrän geometriaan

1. Laskeva käytävä
2. Nouseva käytävä
3. Maanalainen kammio
4. Kuilutunneli
5. Suuri sali (Grand Gallery)
6. Kuningattaren kammio
7. Kuninkaan kammio
8. Kammiokanavat
← Etelä
Pohjoinen →

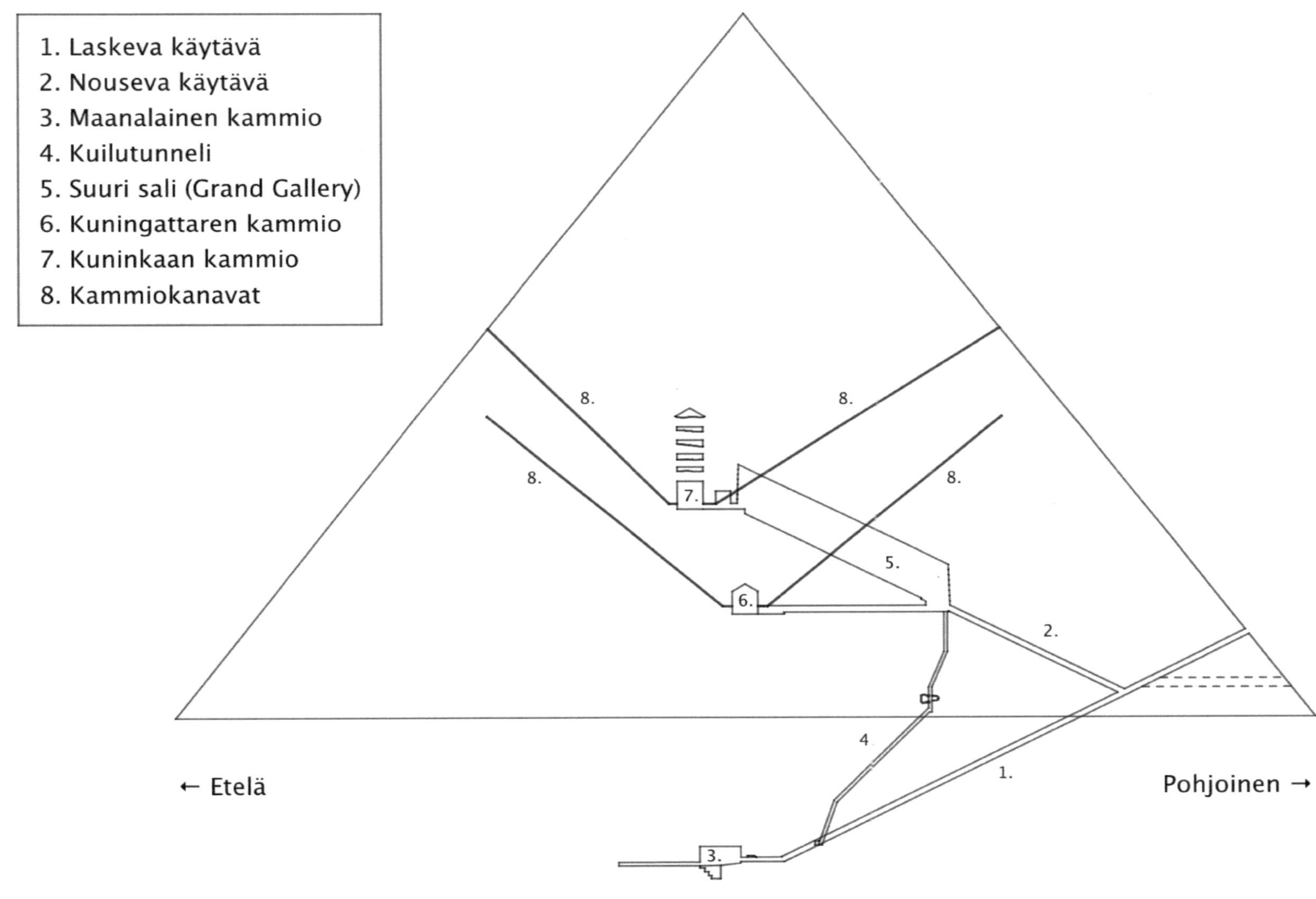

77

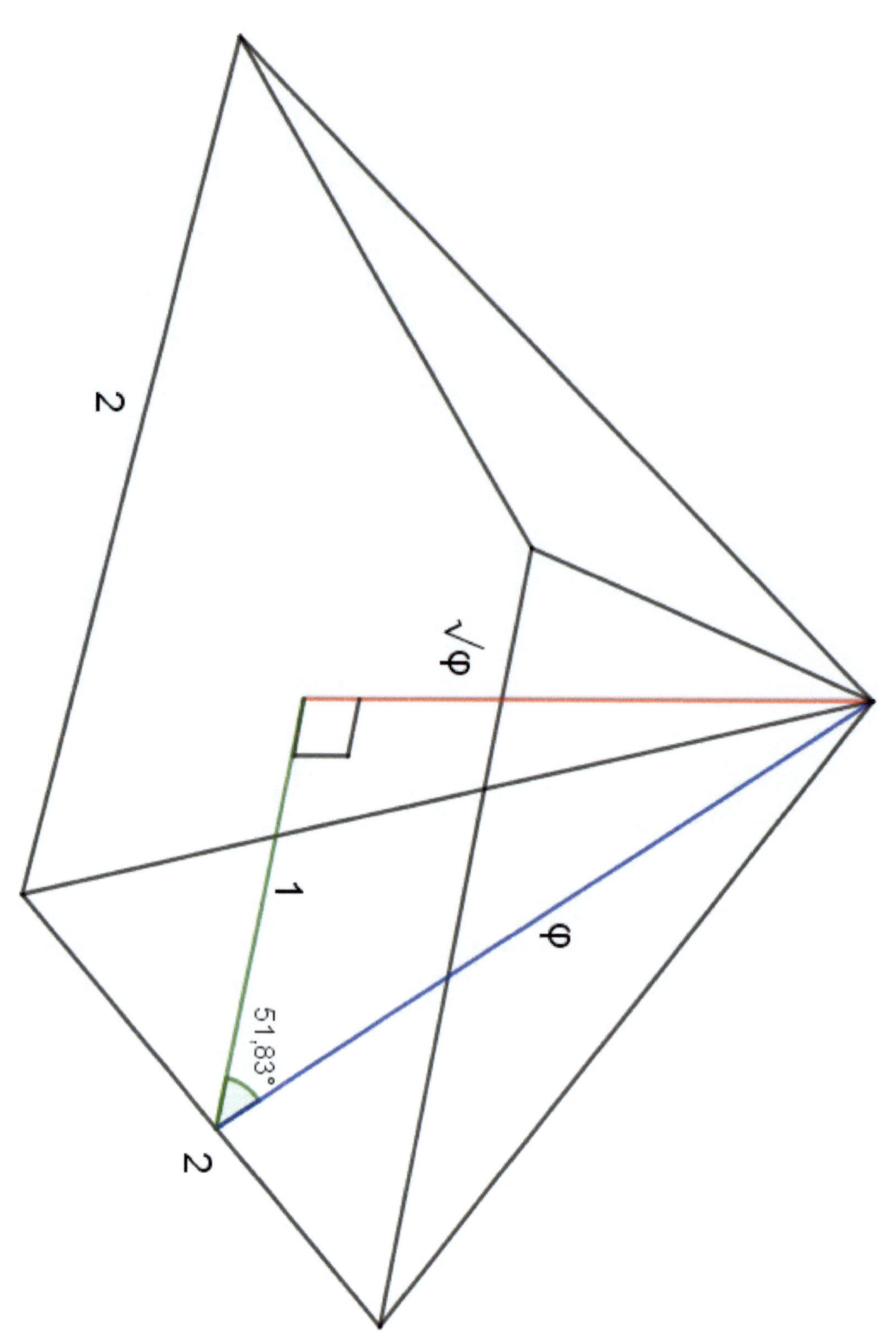

2
√φ
1
51,83°
2
φ

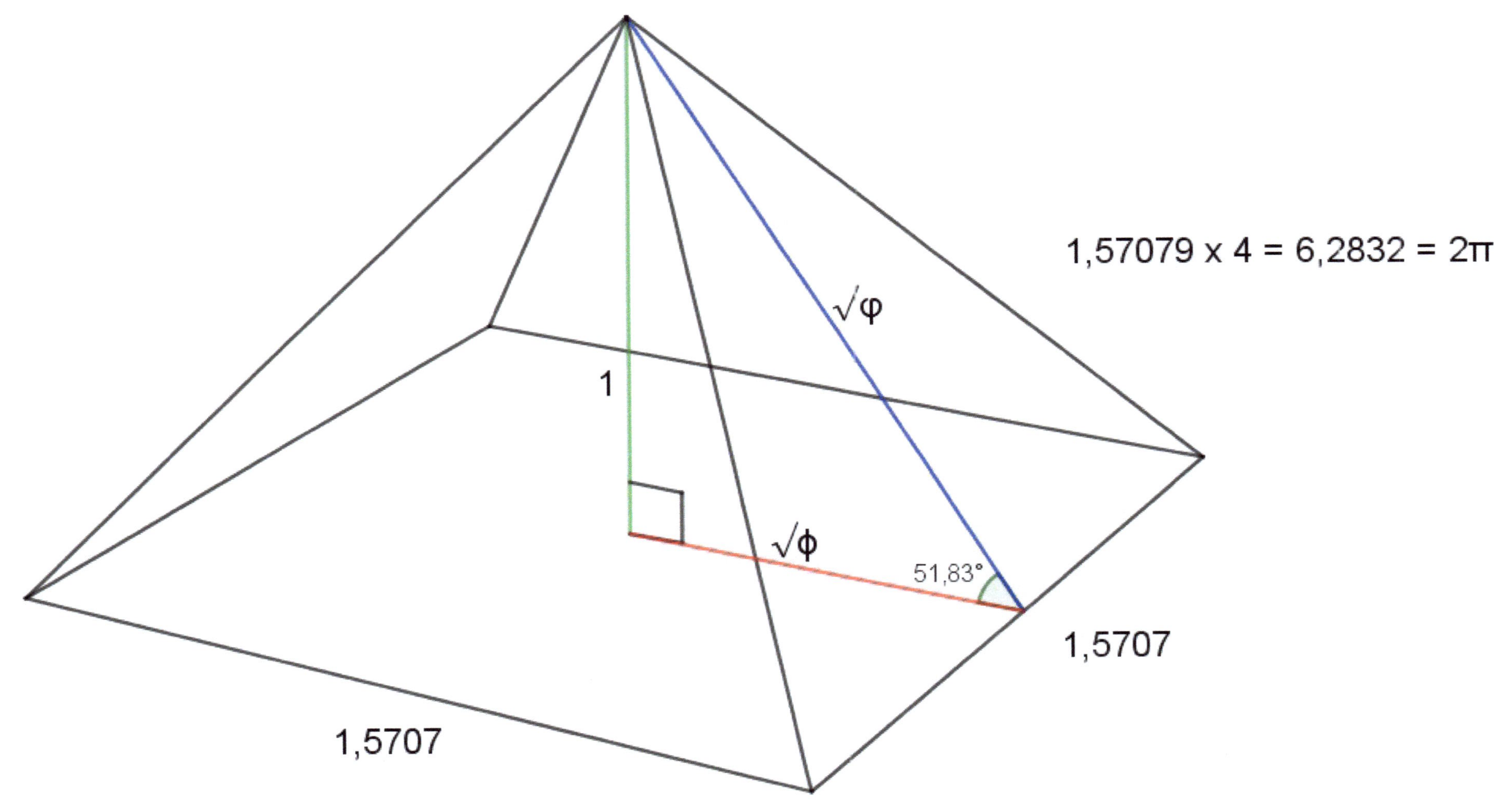


79